W0360173

Hypatia

PEDRO GÁLVEZ

Hypatia

Círculo de Lectores

A la memoria de mi padre,
el matemático José Gálvez,
quien me inculcó de niño la
admiración por la figura de Hypatia

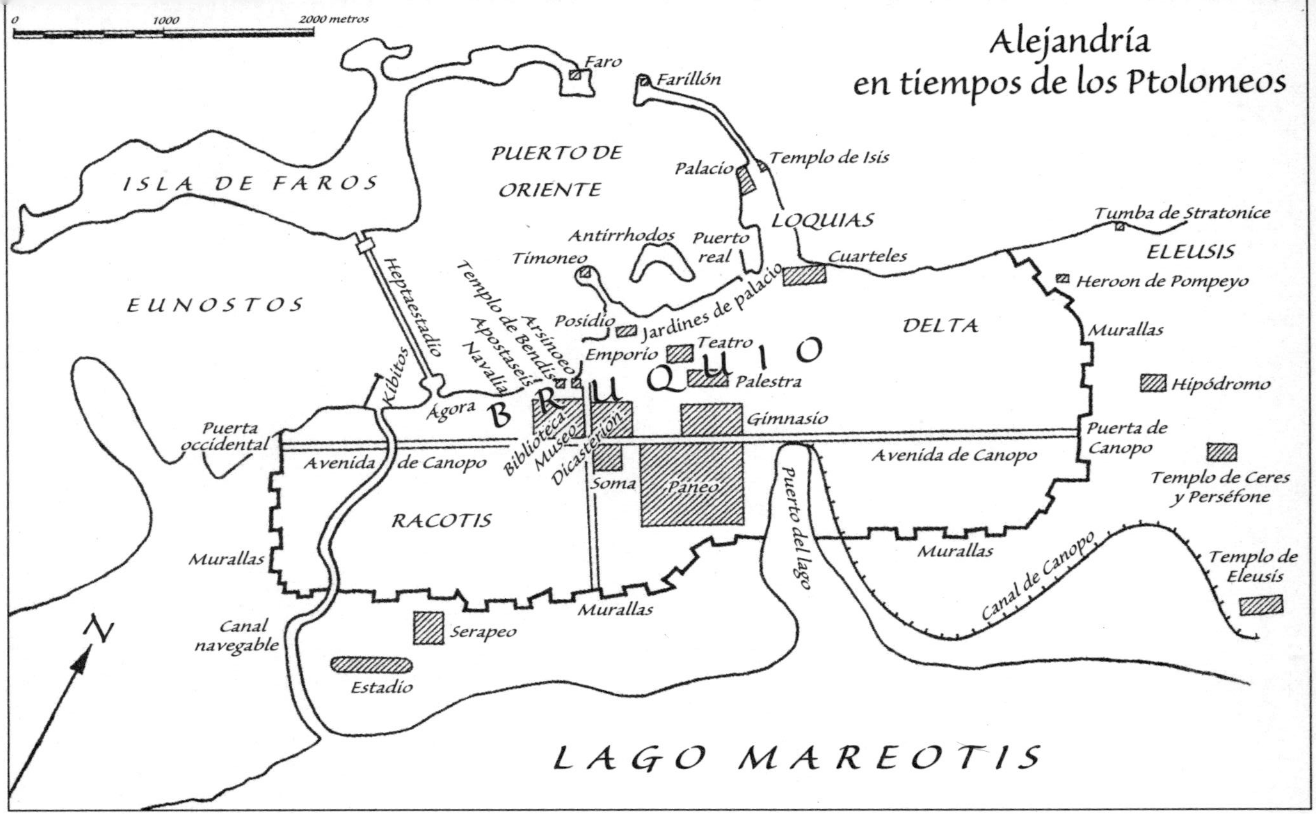

Alejandría
en tiempos de los Ptolomeos
0
1000
2000 metros
Faro
Farillón
PUERTO DE
ORIENTE
ISLA DE FAROS
EUNOSTOS
Palacio
Templo de Isis
LOQUIAS
Tumba de Stratonice
ELEUSIS
Antirrhodos
Puerto
real
Timoneo
Cuarteles
Heroon de Pompeyo
Heptaestadio
Templo de Bendis
Apostaseis
Navalia
Arsinoeo
Posidio
Jardines de palacio
Emporio
Teatro
Palestra
DELTA
Murallas
Hipódromo
BRUQUIO
Kibitos
Ágora
Biblioteca
Museo
Dicasterion
Gimnasio
Puerta de
Canopo
Puerta
occidental
Avenida de Canopo
Avenida de Canopo
Soma
Paneo
Puerto del lago
Templo de Ceres
y Perséfone
RACOTIS
Murallas
Murallas
Murallas
Canal de Canopo
Templo de
Eleusis
Canal
navegable
Serapeo
Estadio
N
LAGO MAREOTIS

PROPÓSITO

Son tan parcas las fuentes sobre la figura de Hypatia (apenas llenan dos holandesas), que una biografía sobre esa mujer, que representó tanto el cenit como el ocaso de la ciencia antigua, se reduciría o bien a una serie de disquisiciones más o menos ingeniosas sobre los magros datos históricos de que disponemos o a una exposición escueta de los mismos, que tendría que ir acompañada de capítulos sobre temas diversos con el fin de alcanzar a duras penas el volumen de un libro. Con respecto a la primera opción: la experiencia enseña que allí donde los hechos concretos escasean, la elucubración celebra orgías. Una obra de esas características nos habla más de la persona que la escribe y de su capacidad para los malabarismos intelectuales que del objeto del que pretende informarnos. Con respecto a la segunda: la lectura puede resultar desesperante, ya que se convierte en un saltar de un tema a otro, que nos aparta en todo momento del que nos interesa. Podemos elegir un tercer camino: tratar de reconstruir una existencia a través de sus circunstancias históricas y permitirnos la licencia de intentar reproducir los estados de ánimo que en ella suscitaron. El intento no es tan descabellado como pueda parecer a simple vista: si a una persona, por dar un solo ejemplo, le atraviesan el pecho con una lanza, podemos inferir, aceptando un escaso margen de error, que esa persona ha experimentado un dolor. Y podemos también recrear escenas ficticias que bien pudieron haber ocurrido, pero tan irrelevantes que no supongan una violación del acontecer histórico. Es decir, podemos jugar a la reconstrucción de una vida sin recurrir a las libertades que nos otorga la narrativa de ficción, pero tratando de rodearla de un contexto humano. En lo que podríamos llamar una «biografía novelada» cabe además una descripción histórica, que por muy amena que sea, no tendría lugar en una novela. Tal es la intención de este libro.

He recurrido a lo largo del texto a algunos anacronismos: en las fechas, pues en tiempos de Hypatia se seguía designando los años por los nombres de los cónsules, por lo que hubiese sido necesario añadir una tabla cronológica al final del libro; en los pesos y medidas, lo que hubiese impuesto una lectura con una tabla de conversiones y una calculadora al lado; en un par de nombres geográficos, como Milán en vez de Mediolanum, o Ávila en vez de Abula, por razones obvias de entendimiento, y en algunos términos matemáticos, ya que por «síntoma» de una curva no entenderíamos la «ecuación» de la misma, así como la palabra «aritmética» no nos haría pensar en el álgebra y en las matemáticas superiores, y al leer «logística» pensaríamos inmediatamente en una operación militar y no en la aritmética propiamente dicha.

PARTE PRIMERA

El glorioso amanecer

CAPÍTULO I

Una nueva vida

Fue en un día de primavera del año 370 de nuestra era, en la ciudad de Alejandría, cuando el matemático Teón se agachó presuroso para recoger a la niña recién nacida que la comadrona, una mujer de origen itálico, había depositado a sus pies en el suelo. De aquella costumbre de la presentación de la criatura recién nacida al padre, quien podía rechazarla, condenándola así a muerte, Teón pensaba, como de muchas de las costumbres romanas, que era propia de bárbaros.

Al alzar a la niña en sus brazos, contempló al ser más hermoso que había visto en su vida. Su hija tenía la cabecita cubierta de un fino vello dorado y el rostro era de una perfección poco común. Pensó que sus rasgos ejemplificaban la sublimidad de las armonías matemáticas que rigen el universo. Su tez era tersa y preciosamente sonrosada, al igual que la piel del cuerpo, que ahora sentía palpitar entre las palmas de sus manos. Se sintió extasiado al pasar la vista por la delicada frente, los hermosos y grandes ojos claros, la naricilla respingona y los labios que podían haber sido esculpidos por un Fidias.

Teón miró una vez más las paredes de la alcoba donde su hija acababa de nacer: estaban cubiertas por pinturas de vivos colores, por grandes murales en los que se veían jardines de exuberante belleza y colinas pobladas de bosques, con riachuelos que desembocaban en valles por los que se extendían los olivos y los almendros y por los que los cipreses surgían de un ancho y espeso manto de flores. Expresaban el decorado típico de la casa habitada por una familia de ascendencia helena. Cuando sus antepasados griegos llegaron a aquel lugar en el que no había ni una sola sombra natural y en el que el único verdor era la estrecha franja de huertecillos que marcaba el principio del desierto y la larga fila de juncos que se extendía por la ribera del lago Mareotis, sintieron la añoranza de sus boscosas montañas y trataron de rodearse de ellas al menos dentro de sus casas. Siete siglos no habían sido suficientes para borrar la nostalgia, y aquella niña recién nacida le devolvía el recuerdo de los suyos.

Cuando la comadrona le quitó a la pequeña de los brazos para darle el primer baño, Teón se sintió fuera de lugar y sintió también la necesidad de salir a la calle y de pasear y hablar con la gente para contar que había tenido una hija que llevaría el nombre de Hypatia.

Bajó al patio y ordenó a tres de sus sirvientes que ensillasen cuatro caballos. Estaba ya montado sobre su cabalgadura cuando una criada etíope se acercó corriendo para darle uno de sus sombreros de ala ancha. En su precipitación, había olvidado ponérselo. Pero sabía muy bien que uno no se podía aventurar por las calles de Alejandría sin ese atuendo: el resplandor que irradiaban sus edificios, con sus fachadas de mármol y sus adornos de escayola, resultaba enceguecedor. Incluso de noche, a la luz de la luna, la claridad era tan intensa que se decía que un sastre podía enhebrar una aguja sin esforzar la vista.

Salió por el portalón de la casa, seguido de sus tres sirvientes, llegó a la esquina del callejón sin salida que iba a morir delante de su mansión, atravesó unas cuantas calles y fue a desembocar a la avenida de Canopo. Se sintió orgulloso de cabalgar por ella. Como buen alejandrino, era consciente de que no había avenida que la igualara en todo el mundo civilizado. Era tan ancha, que en ambas direcciones circulaban cómodamente hasta tres grandes carruajes, uno al lado del otro. Por sus aceras deambulaban los alejandrinos bajo las amplias y altas arcadas de mármol y piedra. Por esa avenida se podía caminar a la sombra durante horas enteras, marchando siempre en línea recta y exponiéndose al sol tan sólo al cruzar las calles. Orientada, como todas las calles transversales de Alejandría, en dirección noroeste, se encontraba expuesta a la acción de los vientos etesios, por lo que en verano se sentía siempre en el rostro la caricia refrescante de la brisa. De noche la iluminaban las farolas de aceite, que imprimían a sus suntuosas fachadas una singular belleza.

Vio a su izquierda la gran colina por la que se extendía el parque dedicado a Pan y pensó en subir a todo lo alto por la carretera en espiral y contemplar desde allí su ciudad, pero de repente decidió ir más lejos. Refrenó el caballo al llegar al cruce con la vía Soma (siempre era peligroso, pues nunca faltaban los jóvenes desaprensivos que cabalgaban como locos sin cuidarse de los demás o los aristócratas altivos que incitaban a sus cocheros a volar por la vía pública como si fuese de su propiedad), siguió por la avenida y luego giró a su derecha para alcanzar el Heptaestadio, el malecón de siete estadios de largo que comunicaba la ciudad con la isla de Faros, a la que llevaba agua por un acueducto.

Tuvo que detenerse ante el primer puente levadizo, ya que en esos momentos navegaba por debajo un navío de gran calado. Por el mascarón de proa reconoció que se trataba de un trirreme gaditano. Habría venido cargado con las materias primas que tanto necesitaba Egipto, siempre ávido de madera y metales; habría traído hierro y azufre de Tarsis, plomo y plata de Cartago Nova, cobre de la campiña cordobesa, oro, mercurio y estaño; habría descargado también maderas para la construcción y caballos para el ejército, así como espadas y puñales de las fundiciones de Bílbilis, y no faltarían algunos artículos codiciados, como la lana gaditana, de tonalidades rojizas de tinte dorado, el garum de Cartago Spartaria y las salazones de Sexi. Los operarios de las grúas del puerto habrían sacado también de sus bodegas fardos de libros en latín, por lo que pensó que tendría que pasarse ese mismo día por la librería del armenio. Recordó entonces los antojos que había tenido su esposa durante el embarazo y se dijo que daría también una vuelta por los almacenes del puerto para ver si podía conseguir un ánfora de mojama gaditana y un par de jamones cerretanos.

El buque atravesó el dique y se deslizaba ahora por las aguas del Eunostos, el puerto del Buen Regreso, en dirección a alta mar, para poner rumbo a su puerto de origen. La tripulación regresaba a su Bética natal, tras haber estibado en las bodegas del navío un cargamento en el que no faltarían grandes bloques de mármol en bruto, artículos de vidrio y fardos de papel de todo tipo, confeccionado con el papiro que crecía por las riberas del delta del Nilo. Se llevarían también de Egipto productos farmacéuticos e instrumentos quirúrgicos. En el vientre de aquella embarcación se apilarían las piedras preciosas y los objetos de lujo; habría perlas y corales de Arabia, así como mirra, bálsamo e incienso; habría canela y marfil somalienses, lapislázuli del Hindu Kush y otras mercancías exóticas de la India, como las láminas de carey, el añil, la pimienta y la seda. Transportaría, sin lugar a dudas, libros en griego, y se le ocurrió pensar que quizás estarían haciendo también la travesía sus *Comentarios a la Sintaxis Matemática de Claudio Ptolomeo*. Sintió vértigo al imaginarse su obra expuesta a los caprichos del mar y a las veleidades del tiempo y al tener la certeza de que ese libro que acababa de publicar llegaría a orillas lejanas y sería manoseado por gentes de otras tierras. Le embargó una oleada de satisfacción al pensar en lo mucho que había logrado a sus cuarenta y dos años.

Al contemplar el enorme buque mercante navegando por debajo de las dos tablas alzadas del puente, se dijo, como tantas veces, que no había puerto en el mundo que poseyese tan espléndidas instalaciones. Tendría el navío unos sesenta y cinco metros de eslora y no era en modo alguno de los más grandes que habían anclado en el puerto de Alejandría, famoso ya hacía muchos siglos por sus dimensiones.

Cuando Hierón II encargó a Arquímedes la construcción de un barco que fuese el buque insignia de su ciudad y llevase su nombre a todos los puertos del Mediterráneo, el científico supervisó el trabajo de los armadores, inventó mecanismos nuevos, como la bomba para achicar el agua, y puso a disposición de su rey un coloso marino de tres palos, que medía ciento treinta metros de eslora. Tenía más de sesenta habitaciones, entre salones y camarotes, y ofrecía a la tripulación y a los pasajeros un sinfín de comodidades, pues no faltaban las pistas de juego, los baños termales y las galerías de cuadros y de estatuas de mármol, que lo convertían en una especie de museo flotante. Disponía también de una espléndida biblioteca, de un templo a Afrodita y de un jardín por el que los pasajeros podían pasear como si se encontrasen en tierra firme. La cabina de los oficiales, así como sus dependencias, tanto sus suelos de mosaico, como sus paredes y techos de madera de ciprés y sus puertas de marfil y de cedro aromático, estaban adornadas con escenas que reproducían íntegramente los cantos de la *Ilíada*. Tras su botadura, fue cargado con más de setecientas toneladas de trigo, diez mil ánforas de pescado amojamado siciliano, quinientas toneladas de lana y otras quinientas toneladas de artículos diversos. Pero de los demás puertos sicilianos y de todos los puertos de Italia llegó la noticia al rey de que el *Siracusa* no podía atracar en ellos, no al menos sin correr el riesgo de encallar, por lo que se decidió enviarlo a Alejandría y regalarlo a Ptolomeo III, ya que en aquellos días Egipto padecía escasez de grano, pero no sin antes tener la gentileza de cambiarle el nombre y ponerle el de *Alexandris*.

La entrada del *Alexandris* en el puerto de Oriente tuvo que ejercer una gran fascinación en el príncipe heredero, pues cuando llegó al trono, en el 221 antes de nuestra era, lo primero que hizo Ptolomeo Filópator, el cuarto de los Ptolomeos, fue encargar la construcción de un barco más grande aún, un cuatrirremo de ciento cuarenta metros de eslora, que iba impulsado por dos velas y cuatro mil remeros. Cuatro hombrachones con los brazos extendidos eran necesarios para poder abrazar el palo mayor, de más de treinta y dos metros de altura. Cuatrocientos artesanos velaban por su mantenimiento, y aparte la oficialidad, la marinería y la servidumbre, en su viaje de inauguración montaron a bordo dos mil ochocientos cincuenta infantes de la marina de guerra. El navío fue botado entre los gritos de júbilo de la población, que acudió en masa a presenciar el acontecimiento.

Así se echaron las bases de una industria naval sin rival en aquellos tiempos; cuando los emperadores romanos quisieron adornar Roma con los obeliscos egipcios, tuvieron que recurrir a los buques alejandrinos. El primero de ellos que entró en un puerto romano durante el principado de Augusto fue el *Acatus*, que no sólo llevó a Italia un obelisco de treinta y dos metros de longitud, sino que transportó además a mil doscientos pasajeros, amén de una carga adicional de varias toneladas de trigo, papiro, nitro, pimienta y lino. La embarcación ocupó casi en su totalidad la parte oriental del puerto de Ostia, y Augusto, deslumbrado, ordenó que lo expusiesen en los astilleros de Puteoli como si fuese la Octava maravilla del mundo. Mayor aún fue la lujosa embarcación construida para Cayo Calígula: transportó a Roma un obelisco de quinientas toneladas y aún tuvieron que añadir como lastre ochocientas toneladas de lentejas.

Cuando tendieron el puente y pudo atravesarlo, oyendo el sordo golpeteo de los cascos de su caballo sobre los tablones de madera de roble, Teón se encontró a la cola de una larga fila de carretas tiradas por bueyes, que iban cargadas de provisiones y leña para la isla de Faros y que esperaban a que bajasen las tablas del segundo puente levadizo, situado al extremo opuesto del dique. Avanzó por el pavimento empedrado del Heptaestadio, caracoleando entre las carretas, con el inmenso puerto Magno a su derecha y el gran puerto del Buen Regreso a su izquierda. Y cuando al fin logró dejar atrás el segundo puente, hizo que su caballo aligerase el trote, llegó a tierra firme y se lanzó a galope tendido por la carretera que conducía a la parte nordestal de la isla, de donde salía una lengua de tierra que se adentraba en el mar y formaba a su extremo una pequeña península. Allí se alzaba el faro, símbolo y orgullo de Alejandría, una de las Siete maravillas del mundo. Su luz, visible a treinta millas marinas de distancia, orientaba a los navegantes, a los que saludaba desde lejos con su majestuosa blancura cuando avistaban las costas egipcias.

Antes de apearse del caballo, Teón alzó la mirada para observar con detenimiento aquella gran construcción de piedra caliza revestida de mármol, pero tuvo que agachar la cabeza, enceguecido por su resplandor. Admiraba esa torre y le encantaba también la sobriedad de la edificación que la protegía, con sus fachadas adornadas de estatuas de mármol, sus ventanales enormes y los torreones almenados en las cuatro esquinas. La puerta principal de aquella especie de gran pórtico amurallado daba a un espléndido patio rodeado de arcadas sostenidas por columnas de granito de Asuán, que deleitaba los sentidos con los peculiares reflejos de sus tenues tintes rosados. En el centro del patio de aquel edificio cuadrangular, que podía hacer las veces de fortaleza, se elevaba una gran torre cuadrada, la base del faro, que se alzaba a setenta y seis metros de altura y a la que una multitud de ventanas proporcionaban luz durante el día. Remataba esa torre una plataforma con una cornisa adornada de esculturas que representaban a Tritones con los brazos en alto y empuñando caracolas. No eran un simple adorno: cuando había fuerte marejada o algún otro tipo de peligro, un ingenioso mecanismo hacía que aquellas divinidades marinas con cuerpo de hombre y cola de pez se llevasen las caracolas a los labios y emitiesen agudos y estridentes lamentos, que los marineros podían escuchar a muchas millas de distancia. La torre contaba con trescientas habitaciones, que daban albergue a los ingenieros de servicio, a los mecánicos y a los operarios. Sobre ella se alzaba, hasta elevarse treinta y ocho metros más, una segunda torre octogonal a la que se superponía un tholos de veintidós metros de alto, donde se encontraba la linterna del faro, protegida por ocho columnas y una cúpula que sostenía una estatua de bronce. Representaba a Poseidón, enarbolando un arpón de seis metros de longitud. Así que ese dios, de ocho metros de estatura, que erguía con altivez su cabeza a unos ciento cuarenta y cuatro metros sobre el nivel del suelo, bien podía vanagloriarse de sobrepasar en tres metros con las puntas de su tridente el vértice de la gran pirámide de Keops, el edificio más alto jamás construido.

Teón entró a caballo en el fuerte mientras sus criados le esperaban junto con las cabalgaduras al amparo de las arcadas, se apeó y se dirigió hacia la torre. Se detuvo ante la puerta y leyó, como siempre hacía cuando visitaba ese lugar, la inscripción que había mandado grabar el arquitecto en la fachada principal:

«Sóstrato de Cnido, hijo de Dexífenes, a los Dioses Salvadores, en ayuda de los navegantes.»

Teón se sonrió al reflexionar sobre las disputas acaloradas que había suscitado siempre esa dedicatoria y pensó que sería más fácil que algún día se llegase a resolver el problema de la cuadratura del círculo a que los historiadores se pusiesen de acuerdo en la interpretación de hechos que, por ser humanos, escapaban a toda sistematización científica.

Hasta un escolar sabía que por «Dioses salvadores» había que entender los «Dioscuros» o «Hijos de Zeus», los gemelos Cástor y Pólux, quienes en su juventud habían participado en la expedición de los argonautas y a los que los marineros veían por tanto como sus patrones protectores. Pero lo de «Dioses salvadores» podía referirse también al monarca Ptolomeo I, a quien los agradecidos habitantes de Rodas dieron el apodo de El Salvador, y a su segunda esposa, la singular Berenice I, quienes eran los progenitores del segundo de los Ptolomeos, quien, a fin de cuentas, había encargado a Sóstrato de Cnido la construcción de la torre y estaría interesado en aprovechar cualquier oportunidad para proclamar la divinidad de sus padres, reforzando así la propia.

Entre las muchas genialidades que habían caracterizado al fundador de la dinastía de los Lágidas se contaba la de ser El Salvador de la distancia entre dos pueblos que ahora se veían obligados a convivir, pues inició un proceso que culminaría en la egiptización de los griegos y en la helenización de los egipcios, al menos en Alejandría, donde surgió un tipo de ciudadano cosmopolita que, precisamente por tener una mentalidad universal, cultivó y defendió como nadie el individualismo.

Consciente de que tenía que gobernar sobre egipcios y helenos, el monarca adoptó los atributos de la divinidad al hacerse nombrar faraón en el mismo templo de Amón Ra, en el 305 a.C., en la ciudad sagrada de Menfis. Y consciente de que la religión puede unir o dividir a los pueblos, no dudó en ofrecer a sus súbditos una deidad suprema que pudiesen acoger con agrado. Como no había ninguna que satisficiese sus deseos, optó por inventársela. Nombró con tal fin un Consejo Extraordinario de Estado, compuesto por griegos y egipcios y en el que participó el famoso sacerdote tebano Manethón.

Al igual que hubiese podido exigir de sus orfebres un objeto de arte determinado, hecho de una aleación particular, el rey encargó al consejo la misión de fabricar un dios. Los miembros del consejo cogieron a Zeus y lo amalgamaron con Amón, a éstos los fundieron con Osiris y Apis, acrisolaron la mezcla y crearon a Serapis. Y aunque al principio la idea pareció absurda a muchos, lo cierto fue que funcionó y que aquel dios se convirtió realmente en la divinidad aceptada por ambos pueblos.

Siguiendo esa tradición, su hijo contrajo matrimonio con su propia hermana, la bellísima Arsinoe II, cuando ésta regresó de sus campañas militares contra los persas, reanudando así la costumbre faraónica del matrimonio entre hermanos. Adoptó además el apodo de *Filadelfo*, «amigo del prójimo», pero que también podía entenderse como «aquel que ama a su hermana». Los egipcios aplaudieron, los griegos se escandalizaron, horrorizándose ante el incesto, pero finalmente se impuso ese hábito entre los monarcas helenos de Alejandría. Para disculpar al monarca de tan horroroso crimen, algunos dijeron que había sido un matrimonio en apariencia, para dar gusto al populacho egipcio, pero otros aseguraron que el segundo de los Ptolomeos no había podido resistirse a los encantos de aquella esplendorosa mujer. Lo más probable es que los primeros estuviesen en lo cierto, y hasta existía la posibilidad de que la idea no hubiese sido de él sino de ella, pues Arsinoe II rigió con mano firme los destinos del país, libró batallas y agrandó el imperio, mientras que el esposo compartía su lecho con una larga lista de famosas concubinas.

Al entrar a la torre, Teón se dispuso a subir por una de las dos rampas en espiral por las que las bestias de carga trepaban con sus fardos de leña, pero uno de los ingenieros, que lo había divisado desde la ventana de su oficina y había reconocido a Teón, al ilustre astrónomo y matemático, al mismísimo director del Museo de Alejandría, salió apresuradamente a saludarlo y le pidió que esperara, pues pondrían a su disposición el elevador hidráulico que circulaba por el centro del edificio. Teón se sintió halagado y orgulloso de montarse en aquella maravilla de la técnica que había sido posible gracias a otro destacado alejandrino: Herón.

Mientras ascendía aspiró con deleite el intenso aroma a resina que desprendía la caja del montacargas, por el que se subía la leña que se utilizaba para mantener encendido el faro. Desde que había sido instalado el ascensor, las rampas sólo se utilizaban en casos de avería y las mulas pasaban el día retozando por los alrededores.

Se apeó en el último piso de la segunda torre y entró en la sala de control para saludar a sus técnicos y darles la buena nueva. Frente a un ventanal se encontraba un enorme espejo convergente en el que se podían divisar los barcos en el mismo momento en que aparecían por el horizonte. En caso de necesidad, los matemáticos calculaban rápidamente la distancia a la que se encontraban, midiendo los ángulos con una dioptra y haciendo la triangulación gracias a los datos que les proporcionaban sus colegas del Farillón, el pequeño faro que se alzaba en el cabo de Loquias, quienes les transmitían sus mediciones mediante un sistema de telegrafía óptica, el mismo que utilizaban para comunicarse con Constantinopla.

Teón subió luego a la azotea de la torre y aspiró a pleno pulmón los salobres aromas del mar. En lo alto del tholos se encontraba la linterna. Él mismo había contribuido a mejorar el mecanismo de espejos convexos que intensificaba la luz desprendida por su fuego. Permaneció un rato contemplando la lejana curvatura del mar, observando los navíos que se hundían tras ella, retrasando el momento en que se enfrentaría cara a cara a su adorada ciudad.

De tierras griegas habían llegado a esas costas personas ansiosas de aprender, de adquirir el bagaje cultural de los habitantes del Nilo para transmitírselo después a sus conciudadanos. La misma admiración que habían sentido los romanos por los griegos había caracterizado siempre la actitud de éstos ante los egipcios. Aquí habían venido para estudiar astronomía, matemáticas y medicina. Demócrito de Abdera había llegado incluso a gastarse toda la herencia paterna en sus viajes de estudio por Egipto y Babilonia. Al regresar a su ciudad natal, los magistrados consistoriales le advirtieron de que no tendría siquiera derecho a unos funerales en toda regla por haber dilapidado fraudulentamente el patrimonio familiar. Tan sólo la generosidad de Hipócrates lo sacó de la miseria.

Al volver a sus ciudades de origen, estos hombres desarrollaron los conocimientos que habían adquirido y los sistematizaron, los analizaron, los sometieron a comprobaciones empíricas y lógicas, y descubrieron en ellos las leyes eternas de la naturaleza, leyes que sólo podían ser entendidas y explicadas mediante la razón y cuyo entendimiento y explicación radicaban en la naturaleza misma del universo. En lo circundante había que buscar los orígenes y las causas de los fenómenos naturales y no en las esferas de la fantasía y las divagaciones humanas. El genio heleno inventó la ciencia. La razón humana libró y ganó la batalla contra la superstición. Y aquel milagro del intelecto humano no se dio en las altivas metrópolis de dilatados imperios rezumantes de soberbia, sino en pequeñas ciudades costeras y en islas diminutas. Fue Jonia la que despertó al ser humano de su letargo, gritándole: «¡Piensa!». Quizá pudieron pensar tanto porque estaban rodeados de mar. Él mismo necesitaba el mar para pensar. ¿Era casual acaso que en las islas naciese tanta gente ilustre? En Lesbos había nacido Safo; en Quíos, Homero, y Samos contaba entre sus hijos a Pitágoras y a Esopo, a Epicuro y a Aristarco.

Teón adoraba a Aristarco sobre todas las cosas. Aquel hombre había observado los eclipses solares y lunares, había estudiado las fases de la Luna y había ideado un método para calcular la distancia entre la Tierra y el Sol. En su cosmología, la Tierra dejó de ser el centro del universo para convertirse en un planeta más que giraba alrededor del Sol. Y al igual que muchos otros artistas, escritores y sabios, Aristarco se instaló luego en Alejandría, para proseguir en esa ciudad sus estudios y ser enterrado en ella, en el 230 a.C. Lo mismo que hizo también Eratóstenes de Cirene, que fue invitado por Ptolomeo III, en el año 245 a.C., para que se encargase de la educación de sus hijos y dirigiera la gran biblioteca real. Eratóstenes fue el primero en determinar con exactitud la longitud de la circunferencia terrestre, y la había calculado aquí, en su ciudad, en Alejandría. Aquí se había cerrado el ciclo: Egipto había dado, luego recibió con creces.

Todo aquello había sucedido entre los embates y caricias de las olas del mar. Quizá tuviese razón Anaximandro de Mileto y fuesen los mares los engendradores de toda vida. El fuego no podía existir sin la humedad. Quizás estuviese en lo cierto el sabio al afirmar que de las humedades marinas no surgieron las diversas especies animales tal como se conocían hoy en día, sino que primero se formó en ellas un diminuto ser ancestral, recubierto de un caparazón espinoso, que luego fue evolucionando, lentamente, paso a paso, hasta dar origen a plantas y animales. De ahí surgiría también el ser humano, que no fue más que un travieso pececillo en sus comienzos, al igual que lo sigue siendo, al principio, dentro del vientre materno.

Anaximandro, el primero en trazar un mapa del mundo conocido y en construir una esfera celeste, había inventado el reloj de sol, pero había sido un alejandrino, Ctesibio, el inventor de la clepsidra, reloj que perfeccionó hasta tal punto que a partir de él se hicieron posibles las mediciones de precisión en la astronomía. Al igual que había sido otro alejandrino, Herón, el inventor del termómetro y de tantos otros instrumentos e ingeniosos mecanismos, entre los que se contaba la caldera de vapor, sin la cual los romanos no se hubiesen solazado en sus termas.

Movidos por el fanatismo y la intolerancia, que tendían un manto lúgubre sobre los tiempos modernos, algunos amigos querían convencer a Teón de que era griego, pues tales eran sus raíces; otros le aseguraban que ya era un egipcio de pura cepa, pues en ese suelo había nacido, al igual que sus padres, abuelos y una legión de antecesores; otros trataban de convencerle de que era romano, pues tal era su título de ciudadanía; tampoco faltaban los que afirmaban que pertenecía al Imperio romano de Oriente, pero él se sentía ciudadano del mundo y luego alejandrino. Si amaba a su ciudad natal era precisamente porque en ella había aprendido que la universalidad del ser humano está por encima de todo regionalismo y que sólo ese sentimiento de universalidad permite al ser humano comportarse como un individuo.

Teón rodeó el tholos para contemplarla. Apoyó los codos en el antepecho de la azotea y se quedó mirando fijamente la silueta de su ciudad. Seguía siendo la urbe más espléndida y pujante del Imperio. Incluso Constantinopla, la antigua Bizancio, la «Nueva Roma a orillas del Bósforo», proclamada capital de la parte oriental del Imperio ante el pavor que inspiraron las presiones demográficas de los pueblos bárbaros, no era más que un pálido reflejo de Alejandría.

Desde lo alto de la torre todavía podía distinguirse el original trazado del arquitecto Dinócrates de Rodas, el mismo que había construido en Éfeso el maravilloso templo a Diana. En un paralelogramo con forma de manto guerrero: macedonio que abarcaba un perímetro de doce millas, sobre un suelo de piedra caliza, había mandado trazar una avenida transversal de treinta metros de anchura, cortada perpendicularmente por otra de catorce metros de ancho. Las demás travesías, todas de una anchura de ocho metros, o bien corrían paralelas a la gran avenida transversal o la cortaban armónicamente en sentido longitudinal. Formaban una rejilla perfecta, compuesta por siete avenidas transversales y once longitudinales, lo que hacía que el núcleo urbano fuese amplio y bien proporcionado. Armonía que no rezaba para los barrios periféricos, los colindantes con las murallas: en ellos lo indicado eran las callejuelas tortuosas, que formasen laberintos intrincados en los que acabara desorientándose el enemigo. La ciudad colindaba en su parte meridional con el lago Mareotis, en cuyas orillas se alzaban los juncos y las villas de los ricos. Y así, rodeada de agua tanto al norte como al sur, el clima era fresco incluso durante los rigores del verano. El lago y un canal artificial, prolongación de uno de los brazos del Nilo, abastecían de agua a la ciudad. Otro canal comunicaba el puerto con el lago, por lo que la ciudad no sólo estaba abierta al Mediterráneo, sino que sus navegantes podían descender hasta el Nilo, llegar por un canal al mar Rojo y alcanzar las remotas riberas de la India.

La isla en la que se alzaba el faro había sido conocida por los griegos desde tiempos inmemoriales, y la registraban ya los cantos homéricos. Teón recordó el pasaje en el que se hacía mención de ella en la *Odisea* y pensó que de haber tenido razón el insigne bardo no hubiese sido posible la construcción del dique que la unía a tierra firme. Al relatar sus aventuras con el dios Proteo, cuando le arrancó el secreto de su destino, Menelao contaba:

«Hay en el alborotado ponto una isla, enfrente del Egipto, que la llaman Faros y se halla tan lejos de él cuanto puede navegar un día entero empujada por viento favorable una nave muy velera.»

Al abarcar con la mirada el malecón que había recorrido con su caballo, resultaba evidente que el poeta había exagerado. Mas, si era verdad que Menelao y sus guerreros habían estado en la isla, tendrían que haber visitado también la costa egipcia o al menos la habrían divisado a una distancia que no alcanzaba la de una milla romana, y en ese caso, ¿qué habrían visto en aquellos parajes? Seguramente lo mismo que vería Alejandro Magno cuando pasó por allí tras conquistar la satrapía persa de Egipto: un pedregoso cordón litoral de cinco kilómetros de anchura, que se extendía por veinte kilómetros de costa y que estaba delimitado por un lago. Divisarían una docena de aldehuelas de chozas de barro, agrupadas junto a una aldea principal llamada Rakotis. Un paraje desolado por el que deambulaban los pastores con sus rebaños de cabras, pero con un clima envidiablemente sano, pues el lago no formaba en verano regiones pantanosas que pudiesen servir de criadero de mosquitos y fuente de epidemias. Verían un lóbrego asentamiento humano, permitido por el faraón con la condición de que sus lugareños protegiesen ese tramo de costa egipcia de la voracidad colonizadora de los griegos, siempre ávidos de tierra. Y verían un puerto natural, que hubiese sido la envidia de cualquier pueblo civilizado, pero que los gobernantes egipcios, interesados exclusivamente en el Nilo, no querían explotar porque no tenían aspiraciones marítimas. El genio de Alejandro supo al momento que allí podía fundar una gran metrópolis, así que encargó su construcción a uno de los mejores arquitectos, puso como gobernador a uno de sus oficiales y partió para sus grandes conquistas asiáticas. No volvería a pisar aquel lugar, y jamás se enteraría de que la ciudad fundada por él habría de convertirse en la realización de sus más osados sueños.

Cuando el conquistador macedonio murió de fiebre en Babilonia, ocho años después de que fundara Alejandría, sus lugartenientes empezaron la larga y sangrienta contienda por el reparto de su herencia. Tan sólo uno de ellos no intervino en la disputa: Ptolomeo Lagos, que estaba al mando de la guardia personal de Alejandro y era el comandante en jefe de su estado mayor, anunció que se conformaba con la insignificante satrapía de Egipto. Los demás se reirían de él, pero aceptaron encantados la propuesta. Ya había uno menos para repartirse el botín. Nadie puede saber lo que pasaría por la mente de Ptolomeo Lagos cuando renunció a las ricas regiones del viejo Imperio persa. Quizá supo predecir el futuro potencial de aquel paisaje yermo cuando lo visitó en compañía de Alejandro. Quizá se dijese que podía devolver a Egipto toda su antigua grandeza. Sabía que contaba con un país muy fácil de proteger contra las invasiones, con un suelo fértil, con una población sumisa y trabajadora y con una burocracia que llevaba milenios dando pruebas de una enorme eficacia.

A los cinco meses de la muerte de Alejandro, en el 323 a.C., Ptolomeo Lagos ya se encontraba en Egipto. Se deshizo del gobernador que había designado Alejandro, un hombre corrupto y falto de escrúpulos, al que mandó ejecutar para regocijo de la población agobiada por los impuestos, y se dispuso a fundar una dinastía propia, que habría de convertirse en la más gloriosa de todas las dinastías griegas, y a la que dio el nombre de su padre: la de los Lágidas. Modernizó la agricultura egipcia, apertrechándola de maquinaria agrícola, mejoró las técnicas de regadío, desarrolló la ganadería trayendo cerdos de Sicilia, impulsó la industria y el comercio, fomentó las artes y patrocinó las ciencias. De todas las ciudades del mundo griego empezaron a llegar artesanos, artistas, matemáticos, geógrafos, astrónomos y médicos. Fundó un imperio al que añadió vastos territorios. A los ochenta años de edad, tras haber reinado durante treinta y siete años, abdicó a favor de su hijo, Ptolomeo II Filadelfo. Para entonces Alejandría ya se había convertido en la ciudad más poderosa y pujante de todo el Mediterráneo.

Disfrutó aún de dos años más de vida y fue el único de los generales de Alejandro que murió pacíficamente en su cama. Su hijo siguió sus pasos, fundó el Museo y la Biblioteca de Alejandría y contribuyó a hacer de esa ciudad el indiscutible centro cultural del Mediterráneo.

Teón contempló con nostalgia su ciudad. Gracias a ella la ciencia griega se había convertido en la ciencia del mundo conocido. Gracias a ella la lengua hablada por los griegos se había transformado en un idioma cosmopolita, universalmente aceptado como el medio de expresión por excelencia de la literatura y la filosofía, de la geografía y la medicina, de la astronomía y las matemáticas, de la botánica y la zoología. Su ciudad había sido el *arbiter elegantarium* de todo el Imperio romano y el non plus ultra de la permisividad y la tolerancia. Alejandría había sido la vanguardia de las artes y el foco admirado de todos los adelantos técnicos. Cuando Augusto quiso conocer exactamente la extensión de sus dominios, tuvo que recurrir a los agrimensores alejandrinos para que le levantasen la carta topográfica de su Imperio. Al igual que había tenido que recurrir César a los astrónomos alejandrinos cuando quiso reformar el calendario.

¿Estaría destinada su hija a impulsar esa rica tradición de logros en las más diversas disciplinas del saber? ¿Llegaría a ser matemática como él? ¿Se interesaría por la astronomía?

Se felicitó entonces por encontrarse en suelo egipcio. Se hablaba de su ciudad como *Alexandrea ad Aegyptum*, como si estuviese adosada a su entorno y no formase parte del mismo, pero no era cierto: de Egipto también habían recibido los helenos muchas cosas. En Egipto se habían desprendido del patriarcado, que relegaba a la mujer a las cuatro paredes de su gineceo o la obligaba a convertirse en hetaira si deseaba destacar en las artes y en las ciencias. En el antiguo Egipto las mujeres habían sido iguales a los hombres ante la ley: podían alquilar o comprar propiedades, emprender negocios, compartían la herencia en igualdad de derechos y algunas llegaron a gobernar la nación, cosas todas impensables en el mundo griego. Bastaba con repasar la lista de las mujeres ilustres que habían vivido durante el reinado del segundo de los Ptolomeos, en los años que van del 283 al 246 a.C. Allí estaba Myrtion, la actriz aplaudida en todos los teatros y salones de la corte, respetada y famosa por los banquetes que daba en su mansión, situada en el barrio más elegante de Alejandría y a los que asistía la flor y nata de la ciudad. Allí Mnesis y Pothine, músicas profesionales, virtuosas de la flauta, el instrumento más apreciado por la clase culta alejandrina. Y Clino, la escultora, y la poetisa Stratonice. Y Bilstiche, aquella atleta extraordinaria que había ganado la carrera de carros en los Juegos Olímpicos del año 268.

En aquella ocasión pudo verse claramente la diferencia entre griegos y helenos nacidos en suelo egipcio. Los griegos se escandalizaron, insultaron a Bilstiche y afirmaron que era una vergüenza que una mujer usurpase los dominios de los hombres. No hubo vejación que no le prodigaran. Pero en Alejandría todos aclamaron a aquella mujer, a la que recibieron con los mismos honores que los ciudadanos romanos otorgaban a los emperadores que regresaban a la capital del Imperio. Todos se identificaron con aquella mujer, todos se sintieron orgullosos de ella. Al igual que se sentían orgullosos de la esposa del monarca, Arsinoe II, la auténtica reina y faraona, la generala invencible que había añadido nuevas provincias al imperio de los Lágidas.

Ese día se cumplían exactamente seiscientos cuarenta años de la muerte de Arsinoe II, y Teón confió en que su hija Hypatia enarbolaría algún día el estandarte de las ciencias, conquistando nuevos territorios en los campos del saber.

CAPÍTULO II

La fuerza del pasado

Teón seguía contemplando pensativo la alargada silueta de su ciudad. Al sur, en lontananza, divisaba las reverberantes y tranquilas aguas del lago Mareotis, una enorme superficie que alegraba con sus tonalidades azul turquesa las inmensas zonas onduladas de tierra amarillenta que se extendían a ambos lados. En la parte meridional de la ciudad, más allá de su recinto amurallado, cual fiel compañero del lago, discurría el canal de Canopo, que escoltaba al Mareotis hasta donde alcanzaba la vista. Su ancha franja azulada se confundía desde lejos con el mismo lago, por lo que la frondosa ribera parecía flotar y los visitantes que la seguían con la mirada desde el faro se extrañaban al ver una banda verde que dividía las aguas como una estirada serpiente gigantesca convertida en esmeralda. Allí se encontraba el puerto lacustre, incluso mayor que los dos puertos marítimos, a los que aventajaba en tráfico e importancia, prueba palpable de que Alejandría seguía exportando mucho más de lo que importaba. Un canal que cruzaba la ciudad comunicaba el lago con el puerto del Buen Regreso, por lo que un buque que partiese de Londino podía navegar sin interrupciones hasta Marib, la capital del reino de Saba.

Al fijarse en los navíos que navegaban por el lago

y en los que surcaban las aguas del canal, le embargó una misteriosa añoranza de lejanas tierras. Nunca había salido de su ciudad, tampoco había sentido la necesidad de hacerlo. ¿Adónde hubiese podido ir? ¿Dónde hubiese podido aprender algo? ¿En Atenas, que de sus glorias pasadas no retenía más que el nombre y cuyo honor sólo dependía ahora de sus apicultores? ¿En Roma, que siempre se había distinguido por su animadversión pueblerina a todo tipo de pensamiento matemático? ¿En la Nueva Roma a orillas del Bósforo, que sólo recogía de la antigua sus peores tradiciones en boato y despilfarro? En un mundo en decadencia, Alejandría se resistía a dejarse arrastrar por el espíritu de los tiempos. Pese a todos los reveses sufridos, su ciudad seguía siendo el máximo centro del saber. Por eso no había sentido nunca el deseo de visitar otras tierras, pero en esos instantes acariciaba la idea de embarcarse en un trirreme, junto con su mujer y su hija, remontar el canal de Canopo y seguir por el Nilo hasta llegar al canal que lo comunicaba con el mar y realizar la travesía hasta la Arabia Feliz o proseguir viaje hasta las regiones remotas de la India o de la China. En cualquier parte del mundo, por poco civilizado que fuera, requerirían sus servicios de astrónomo y matemático. Sacudió la cabeza, sorprendido por el curso que seguían sus pensamientos, y se quedó reflexionando sobre esos asombrosos deseos de huida que parecía haber provocado el nacimiento de su hija.

La vía marítima que tanto le atraía ahora era la que había garantizado desde hacía siglos la supervivencia del imperio de los Lágidas. Egipto necesitaba el comercio con Oriente para mantener su prosperidad. Los productos del Oriente lejano le otorgaban una privilegiada posición de monopolio en los intercambios comerciales con los demás pueblos del Mediterráneo. Las dos rutas terrestres que comunicaban con aquellas tierras, la que atravesaba la Arabia, siguiendo la vía de Petra, y la que pasaba por el valle del Éufrates, utilizando la vía de Palmira, habían quedado cortadas en algunos períodos funestos de la historia alejandrina, pero la visión previsora del segundo dc los Ptolomeos había añadido aquella tercera vía, la única que siempre estuvo libre. Ptolomeo II había ordenado terminar el canal que había comenzado a construirse en tiempos de Darío y comunicó así las aguas del Nilo con las del mar Rojo. Quizás intuía que alguno de sus descendientes se dejaría arrebatar las rutas de las caravanas, aunque también era probable, como no dejaron de apuntar en aquellos tiempos las malas lenguas, que la pasión irrefrenable que sentía el monarca por la zoología le hubiese llevado a procurarse la certeza de que siempre habrían de llegar a Alejandría las gacelas de las praderas de Carmania, los tigres de las riberas del Brahmaputra, los macacos del Malabar y los osos bezudos de las montañas del Panjab.

Qué no hubiese dado en esos momentos Teón por poder pasear, aunque sólo fuesen dos horas, por la Alejandría de los Lágidas. Ahora su ciudad tenía cicatrices profundas, infligidas por las guerras, y todo aquello que más hubiese deseado ver había desaparecido. Había leído y releído multitud de veces las descripciones sobre el distrito real. Todos los autores coincidían en que no había existido nada igual en el mundo: cada monarca había mandado construir su propio palacio, en el que había tratado de superar en lujo y belleza a todos los edificados por sus predecesores, y se había rendido honores a los dioses y a sus padres, erigiéndoles templos y mausoleos a cuál más suntuosos. Los parques se sumaron a los parques, los jardines a los jardines, y los nobles compitieron por vivir en el más espléndido de los palacios. La Basilea, la barriada real, que ocupaba la tercera parte de la ciudad, fue el paradigma de lo que el ser humano es capaz de realizar en la arquitectura y en las artes escultóricas.

No eran, sin embargo, aquellas edificaciones majestuosas lo que Teón realmente echaba en falta, pues de ellas tenía aún de sobra su ciudad. De lo que verdaderamente sentía nostalgia, añoranza y envidia de pasados tiempos, era del conjunto arquitectónico que Ptolomeo II había dedicado, en el 260 a.C., al fomento de las artes y las ciencias: la Biblioteca y el Mouseion, el gran templo de las Musas.

El Museo había sido algo nuevo en el mundo civilizado. Inspirado en el Liceo aristotélico, había sido el primero y único gran instituto de investigaciones científicas. No fue una universidad, ni una escuela superior, ni una academia de artes y oficios: fue la institución que acogió a los mayores pensadores y les brindó la oportunidad de dedicarse por entero a sus estudios. Disponían de alojamiento, gozaban de un sueldo fijo, recibían todo cuanto necesitaran para sus investigaciones y vivían en un entorno de ensueño; a las horas de las comidas, en los lujosos y exquisitos comedores del Museo se reunían los representantes de las más diversas disciplinas del saber.

Aquellos investigadores ni siquiera estaban obligados a malgastar su tiempo en actividades docentes. Obraban para la posteridad y enseñaban cuando les apetecía. Educaban a pupilos y discípulos, a los que transmitían sus conocimientos, pero las clases se daban fuera de las dependencias del Museo. Esa institución estaba exclusivamente destinada a la investigación pura, sin la que es impensable el desarrollo de cualquier industria y de cualquier comercio.

En aquellos tiempos se cultivaba el auténtico espíritu griego, en el que el conocimiento no se diferenciaba del arte, por lo que la búsqueda de la verdad era idéntica a la búsqueda de la belleza. Los investigadores de la naturaleza sabían que la belleza era la manifestación externa de la verdad y que aquel que quisiera difundir sus conocimientos tenía que ser también un artista si pretendía ser comprendido por sus semejantes. En lo único que no destacó Alejandría fue en la filosofía. No dio ni un sólo filósofo famoso, pero en aquella época las ciencias naturales ya se habían desgajado de la filosofía y ésta había quedado relegada al ámbito de las disquisiciones sobre la moral y las preguntas sin respuesta en torno al significado profundo de la vida y a los misterios insondables del oscuro destino humano. Los alejandrinos pensaron que para eso tenían ya la religión. A su espíritu científico, de tradición aristotélica, cimentada sobre la observación empírica y el pensamiento dialéctico, repugnaba toda especulación que se basase exclusivamente en las palabras.

Alejandría destacó en las matemáticas, siendo la cuna de figuras como Euclides, Menelao, Herón y Diofanto, una tradición que aún no había muerto. Él mismo había tenido la suerte de tener por maestro al gran Pappo, del que se decía que se había elevado, junto a Arquímedes y a Apolonio, a las regiones inalcanzables del Olimpo.

Un compatriota suyo, Euclides, había sido el fundador de aquella fructífera escuela de matemáticas alejandrina. Pedagogo innato, había compendiado y sistematizado el rico caudal del legado heleno. Con sus *Elementos* condensó todo cuanto se sabía sobre geometría. No aportó nada nuevo a las matemáticas, pero otros lo harían en suelo alejandrino: Arquímedes se internaría incluso por los fascinantes prados del cálculo infinitesimal, Apolonio de Rodas impulsaría la geometría algebraica y asombraría a sus colegas con sus estudios sobre las secciones cónicas, y Diofanto llevaría el álgebra hasta límites insospechados. El gran Menelao legó a la posteridad sus pasos de gigante en las trigonometrías plana y esférica. La evolución de las matemáticas en suelo alejandrino había sido realmente desorbitada, desmedida. Teón era consciente de que tendrían que pasar muchos siglos antes de que la humanidad estuviese en condiciones de aplicar esos conocimientos en la solución de problemas prácticos.

Los investigadores del Museo impulsaron también la botánica y la zoología, la mecánica y la astronomía, la gramática y la filología. En el estudio de la anatomía y la fisiología humanas los adelantos superaron todo lo alcanzado hasta entonces: descubrieron la circulación sanguínea y las funciones del hígado y del páncreas, penetraron en los secretos del sistema nervioso y no se les escapó que el cerebro era el centro de mando y control del cuerpo tanto en las personas como en los animales. Esos estudios fueron la base de la medicina alejandrina, que se ramificó en numerosas especialidades. Los oculistas operaban las cataratas, y los cirujanos extraían los cálculos del riñón. De todo el Mediterráneo acudían los enfermos a operarse en Alejandría. Después, durante el Imperio romano, todas las ciudades se disputarían a los médicos y cirujanos alejandrinos, quienes fueron los descubridores de la anestesia, pues para un cirujano alejandrino resultaba repugnante la sola idea de infligir dolor a sus pacientes.

En esos momentos Teón hubiese dado cualquier cosa por ver la Biblioteca de Alejandría en los tiempos de Zenódoto de Éfeso. Al igual que Filipo había elegido al mayor de los sabios de su tiempo, a Aristóteles, como educador y preceptor de su hijo Alejandro, Ptolomeo I no escatimó ruegos, ofertas y promesas para lograr que Zenódoto, el mayor pensador de su época, viniese a su ciudad a encargarse de la educación de sus hijos. Ptolomeo II, a su vez, encomendaría después a su antiguo maestro la misión de fundar y dirigir una biblioteca que hiciese palidecer a todas las hasta entonces conocidas.

Zenódoto de Éfeso compró la espléndida colección de libros que había reunido Aristóteles en su Liceo y no reparó en gastos para llenar de volúmenes las estanterías de la nueva biblioteca. Cuando a ese gramático de profesión y especialista en Homero, el primero en preparar ediciones críticas de la *Ilíada* y la *Odisea*, le sucedió Calímaco, al tomar posesión del cargo, el inmortal poeta contabilizó noventa mil rollos originales y cuatrocientas mil copias, así como otros cuarenta y dos mil ochocientos rollos que se guardaban en la librería anexa del Serapeo, la llamada Biblioteca Filial.

Durante el reinado de Ptolomeo III entre el 246 y el 221 a.C., el sucesor de Calímaco fue el gran filósofo, astrónomo, matemático y geógrafo Eratóstenes de Cirene, el mayor de los eruditos extranjeros que se estableció en suelo egipcio. Rivalizando con Aristóteles en la amplitud de sus conocimientos, escribió libros de poesía, de historia, de cronología, de filosofía y de matemáticas. Compuso un tratado sobre el arte de la comedia y un texto en el que compendió todo el saber geográfico de su tiempo. En esa obra llegaba a la conclusión de que la tierra era redonda y que un buque que zarpase de España tendría que llegar a la India. Aventuró la hipótesis de que todos los océanos y todos los mares se comunicaban entre sí y rodeaban a las masas terrestres, con lo que se adelantó a su tiempo al predecir que África podía ser circunvalada. Eratóstenes no sólo fue el primero en establecer la longitud de la circunferencia terrestre, sino que también fue el primero en calcular la oblicuidad de la eclíptica y en determinar con exactitud los grados geográficos. Fue también quien ideó el método de intercalar cada cuatro años un día en el calendario solar, idea que no tendría aplicación hasta dos siglos después, cuando César introdujo el Calendario Juliano.

Pero incluso en tiempos de César, la oposición del poderoso y conservador clero egipcio impidió la utilización de ese calendario en Alejandría. Y es que la ciudad de Teón no sólo había dado siempre más de lo que recibiera, sino que había despilfarrado lo que creaba.

Aquel genio universal se ocupó también de asuntos mundanos. No tuvo remilgos en recurrir a triquiñuelas delictivas para enriquecer la biblioteca que dirigiría hasta su muerte. En cierta ocasión, allá por el 284 a.C., convenció a Ptolomeo II para que depositase una fianza de quince talentos (unos cuatrocientos kilogramos de plata) para traerse de Atenas en calidad de préstamo temporal, «sólo el tiempo necesario para copiar los manuscritos», los ejemplares autorizados de las obras de Esquilo, Sófocles y Eurípides. Una vez cumplido el plazo, y por mucho que los atenienses protestaron, éstos tuvieron que contentarse con los lingotes de plata.

Los alejandrinos jamás devolvieron los libros.

En su Alejandría habían florecido también una escuela de traductores y un centro dedicado a verter al griego las obras importantes de la literatura y la ciencia de otros pueblos. La publicación de textos llegó a ser tan importante, que la industria librera pasó a convertirse en uno de los pilares de las exportaciones egipcias y contribuyó a consolidar su sana balanza de pagos. Cuando Pérgamo se puso a competir con ellos en ese floreciente mercado, los alejandrinos cortaron por lo sano y prohibieron tajantemente las exportaciones de papel a esa ciudad. Pero los de Pérgamo pasaron la mirada por los grandes rebaños de ovejas que pastaban en los alrededores de su ciudad e inventaron el pergamino. Fue una gran batalla comercial que acabó en armisticio, una gran partida que terminó en tablas. Felices días aquellos en los que las exportaciones de libros competían con las del marfil y las piedras preciosas.

Una de las ensoñaciones a las que Teón solía entregarse durante su infancia era el verse viviendo en los tiempos en que los alejandrinos eran los dueños de su destino. Con la mirada perdida, evocó relatos de glorias pasadas. Le pareció en esos momentos que se encontraba envuelto en el fragor de la batalla de Rafia, cuando las huestes de Antíoco III se disponían a aniquilar al ejército de Ptolomeo IV, el joven rey que había accedido al trono a la edad de veintitrés años, en el 221 antes de nuestra era. Todos los historiadores coincidían en decir de él que había sido un ser mediocre, débil de carácter y esclavo de los placeres, pues el mayor orgullo de aquel monarca había consistido en considerarse descendiente del mismísimo dios Dionisio. Quizá quisiese destacar como dios al percatarse de que a nada llegaría como hombre.

Partiendo de Pelusium, el ejército egipcio cruzó el Sinaí y salió al paso del invasor cuando Éste estaba a punto de cruzar la frontera entre Egipto y Palestina a la altura de Rafia, no muy lejos de Gaza. Acompañaba al monarca su jovencísima hermana Arsinoe. Ptolomeo IV no había podido resistirse a los ruegos de aquella princesa casi adolescente que quería defender con las armas la tierra que la había visto nacer entre sábanas de seda y paredes de mármol.

Superaban los egipcios a los seléucidas en diez mil hombres, pero el enemigo los aventajaba en la caballería y oponía un número muy superior de elefantes indios. Cuando los dos ejércitos se avistaron y se quedaron a la espera frente a frente, ultimando sus posiciones, comenzaron en ambos bandos las arengas. El Lágida pasó revista a sus tropas, animándolas para la batalla. Y a su lado galopaba Arsinoe, cual legendaria amazona enfurecida, con la larga cabellera rubia ondeando al viento, los ojos destelleantes de pasión, la adarga embrazada, mantenida displicentemente a la altura del muslo, blandiendo la lanza por encima de su cabeza, reforzando con las suyas las palabras del hermano, contagiando a los guerreros con su ardor y su arrebato.

El lento avance de las filas de elefantes, seguidos a prudente distancia por algunos destacamentos de caballería, marcó el inicio de la contienda. Mientras los guerreros de ambos bandos contemplaban desde los flancos las evoluciones de sus fuerzas de choque en el centro del campo de batalla, los conductores de los elefantes animaron a las bestias desde lo alto de las torretas. La pesada marcha del principio se convirtió en un trote ligero, al que siguió una alocada carrera. Con las orejas extendidas, las trompas en alto y emitiendo horrorosos bramidos, los elefantes indios se lanzaron contra los africanos. La carga de los elefantes indios fue terrible, tan pavorosa, que los elefantes africanos dieron media vuelta, huyeron aterrorizados, aplastaron todo cuanto encontraron a su paso y sembraron el pánico entre los escuadrones de la caballería egipcia. El rey seléucida aprovechó ese instante para lanzar el grueso de su caballería, que arrolló a la del enemigo, penetrando como una cuña en sus filas.

Como en un anfiteatro, los combatientes contemplaban atónitos la escena que les depararía la victoria o la derrota. Los unos se preparaban para entrar en combate, dispuestos a intensificar la carnicería, los otros dudaban entre esperar la orden de retirada o emprender la huida. Para los egipcios, la batalla estaba perdida.

Embriagado de entusiasmo, Antíoco se dejó llevar por la euforia del momento y dirigió en persona el ataque, dejando desguarnecidos sus flancos. Los egipcios contraatacaron, y la evidente derrota empezó a convertirse en una inminente victoria. Ahora sólo restaba a los egipcios lanzar contra el enemigo toda la fuerza de su ejército para terminar de aplastarlo.

En el centro de la falange imperial y al abrigo de sus soldados, Ptolomeo IV, que había seguido los acontecimientos aterrorizado, se mostraba indeciso y se negaba a dar a sus hombres la orden de ataque. De nada valieron los ruegos de sus generales. La falange permanecía hierática como una esfinge. Antíoco reagrupaba sus fuerzas y el fiel de la balanza se inclinaba de nuevo a su favor. Los minutos transcurrían en unos instantes en que cada segundo representaba una eternidad, pues el tiempo corría alocadamente en ayuda del enemigo.

Fue entonces cuando Arsinoe, que había estado yendo de un lado a otro, recorriendo el campo de batalla para animar a los soldados en los frentes de mayor peligro, se metió a galope tendido entre las columnas de la guardia real, llegó hasta donde se encontraba su hermano y le obligó a que le permitiera dirigir el ataque de la falange. Corría el 22 de junio del año 217 antes de nuestra era; Antíoco pagó cara su imprudencia, y lo que más le mortificó hasta el momento de su muerte fue el hecho de haber sido vencido por una joven, casi una adolescente.

Arsinoe se convertiría poco después en Arsinoe III, cuando su hermano contrajo matrimonio con ella para arroparse con las glorias de quien todos aclamaban como la «Heroína de Rafia». Aquella mujer pasó a formar parte de esas leyendas de las que se alimentan los pueblos, sobre todo cuando tienen poco de qué alimentarse. Pero las pasadas glorias no podían ocultar una realidad marcada por las sucesivas derrotas militares, por la impotencia diplomática y las desgracias domésticas. Las sublevaciones de la población egipcia se hicieron endémicas, y en tiempos de Ptolomeo VIII, en los años veinte del segundo siglo antes de nuestra era, Alejandría era un desierto, pues sabios y artistas habían tenido que salir huyendo de la ciudad, lo que fue una bendición para las islas y las ciudades griegas, que se llenaron de filólogos, filósofos, matemáticos, músicos, pintores, deportistas, médicos, poetas y un sinfín de ingenieros y artesanos. Alejandría había caído en un pozo que no parecía tener fondo.

Pero lo tendría. La sacaría del cenagal una grácil princesa de tan sólo dieciocho años de edad. Cleopatra VII, mujer de vastísima cultura y genial políglota –fue la única de los Lágidas que aprendió la lengua del pueblo–, supo seducir con dádivas y promesas a lo más selecto de la intelectualidad griega para que fuese a vivir a Alejandría, ciudad a la que no sólo salvó de su decadencia cultural, sino de su destrucción, por lo que tuvo que pagar el precio de su propia vida. A su muerte, acaecida en el año 30, dejó una Alejandría equiparable a la de los primeros Ptolomeos y un imperio que se extendía desde la Cirenaica hasta la Cilicia traciana y abarcaba la isla de Chipre y gran parte de Creta.

A Cleopatra le tocó en suerte el período más difícil de la historia alejandrina.

Las guerras civiles romanas habían conducido a Pompeyo hasta tierras egipcias en su alocada huida, tras haber sido derrotado en las inmediaciones de una ciudad de Tesalia. Julio César, el vencedor de Farsalia, aprovecharía la persecución para tomar la ciudad por asalto. En la refriega sufrirían daños la Biblioteca y algunos de los edificios del Museo. Los alejandrinos se atrincheraron en el puerto militar de Kíbotos, fortaleza inexpugnable cuyo asedio tenía visos de prolongarse.

Tal fue el momento elegido por Cleopatra para entrar en la historia universal. La joven, en modo alguno dechado de belleza, pero con el atractivo que da la inteligencia y una firme personalidad, sedujo con sus encantos al curtido conquistador quincuagenario. Su ciudad no correría la suerte de ciudades que fueron arrasadas hasta sus cimientos por haber despertado la envidia del poderoso grupo senatorial que no quería que hubiese en el mundo ciudad superior a la suya. Unió su destino al de César y evitó a Egipto el oprobio de convertirse en provincia romana. A punto estuvo de hacer de Alejandría la capital del mayor de los imperios conocidos por la historia, pues su amante se aprestaba a la gran campaña contra los partos, con la pretensión de proclamarse rey y extender sus dominios hasta la India. El romano tenía en quién inspirarse: en su idolatrado Alejandro. Su predecesor se había casado con una princesa persa y había establecido su capital en Babilonia.

Una conjura truncó sus planes. Murió apuñalado, y tras su muerte se reanudaron en Roma las guerras civiles. Marco Antonio emprendía su marcha triunfal hacia el Oriente. Cleopatra no esperó su llegada: partió para Tarso y se entrevistó con él. El hombre de treinta y cinco años resultó más fácil de seducir. Cleopatra le arrancó tantas concesiones a favor de Egipto, que a su regreso a Alejandría bien podría haber exclamado como César: «Llegué, vi y vencí».

De nuevo surgía el sueño del vasto imperio con Alejandría de capital y Cleopatra de emperatriz. Y esta vez sin un César intransigente, sino con un consorte maleable. Marco Antonio saqueó las bibliotecas de Pérgamo y de otras ciudades para llenar los nuevos estantes de la Biblioteca Magna de Alejandría. No fue el único ni el mayor de los regalos: el Museo recuperó el esplendor de sus dorados tiempos y un nuevo espíritu emprendedor animó a los alejandrinos. La euforia contagió a científicos y artistas. Alejandría era una vez más la nave impulsora del saber humano.

Mas la historia, que parece albergar una honda aversión por los fugaces momentos de felicidad del ser humano, se reservaba la última palabra. Tenía en mente otro destino. Octaviano, su ejecutor, habría de convertirse en el amo indiscutible del mundo durante cincuenta y cuatro años. Acabó con sus dos compañeros de triunvirato e hizo de Egipto su feudo personal. Tras desembarazarse de Marco Emilio Lépido, se lanzó contra Marco Antonio, al que venció cinco años después.

Los romanos atribuyeron la derrota de Actium a la huida de Cleopatra junto con su flota, pero la joven reina no hizo más que adelantarse a los acontecimientos. Viendo perdida la batalla, no quiso sacrificar a sus hombres. Tras acariciar la idea de atravesar el canal de Suez y huir a Arabia, decidió poner rumbo a Alejandría. Tenía que negociar una rendición honrosa. Para ello eligió como mediador al filósofo Arius, quien logró convencer a Octaviano de los inmensos beneficios que le reportaría respetar la integridad de la ciudad.

El victorioso general romano se dejó seducir por los argumentos del filósofo en una entrevista que estuvo preñada de simbolismo histórico: precisamente uno de los eruditos del Museo lograba salvar la ciudad de su destrucción. El nuevo César no arrasaría la ciudad. Renunció incluso a entregarla al saqueo. Su único castigo consistió en fundar una nueva capital, Nicópolis, a orillas del mar, a varias millas al oeste de Alejandría. Con el tiempo, aquella ciudad, cuya principal razón de ser no era otra que servir de sede a la burocracia y la guarnición romanas, acabaría convirtiéndose en un insignificante suburbio alejandrino.

Logrados sus objetivos y tras enterarse de que

Octaviano pretendía utilizarla de adorno en su desfile de triunfo, la joven reina se quitó la vida, rindiendo así un último servicio a su patria.

Egipto, que tras milenios de soberanía tuvo que vegetar durante dos siglos como lúgubre satrapía persa, se despedía de tres siglos de esplendor durante la hegemonía de los Lágidas. Alejandría, que sólo había conocido ese esplendor, perdía por vez primera su soberanía. A partir de ese momento carecería del entusiasmo que genera el orgullo de la propia grandeza. Languidecería y se alimentaría de su propia sustancia. Pero su sustancia era tal, que los de afuera, en vez de ver que mermaba, creyeron que aumentaba.

El nuevo amo se paseó por Alejandría y quedó deslumbrado. Era el palurdo que salía por vez primera de su aldea y llegaba a una gran ciudad. Contempló boquiabierto los palacios y los templos de mármol. Le sorprendieron la belleza y solemnidad de las estatuas de reinas y reyes, que irradiaban una majestad olímpica proyectada a un futuro eterno. Se sintió muy pequeño al levantar la mirada y tratar de adivinar la altura a la que se alzaba el gigantesco reloj solar del distrito real.

En Alejandría vio Octaviano todo cuanto deseaba plasmar en Roma con el fin de engrandecer su persona y elevarla hasta las esferas de la divinidad. Aquel genio inigualable de la propaganda política decidió plagiarla. Y para que nadie se enterase de cuál era la fuente de todas sus ideas y dónde se encontraban los modelos que pensaba imitar, decidió hacer de Egipto la provincia prohibida: Egipto sería gobernado por un oficial de rango ecuestre, responsable sólo ante su persona.

Los emperadores que le sucedieron hicieron lo

mismo. Egipto fue pronto el granero de Roma, la provincia más rica del Imperio, y como tal, la más peligrosa, pues quien se apoderase de ella podría sitiar la capital por hambre y disponer de riquezas fabulosas, que le otorgarían el poder de fundar en cualquier momento un nuevo imperio. Esa provincia tenía que permanecer bajo el tutelaje personal del emperador.

Y fue así como Alejandría, que siguió abierta al mar mientras el Mediterráneo se cerraba a ella, cogió a manos llenas de su propio pasado, cultivó las artes y las ciencias, desarrolló un estilo de vida tolerante y cosmopolita y se entregó al sueño de que nada había cambiado, llegando a creerse incluso que revivía las épocas doradas de los primeros Lágidas. Surgió un tipo de alejandrino que se veía a sí mismo como ciudadano del mundo y que tenía plena conciencia de su superioridad intelectual. Un ciudadano pacífico, pero que no podía evitar ser burlón y mofarse de todo cuanto no alcanzase los cánones de una existencia caracterizada por el refinamiento cultural, la educación exquisita, la liberalidad y la falta de prejuicios. Para eso era su ciudad el *arbiter elegantarium* del mundo civilizado.

¡Cuántos disgustos no ocasionaría aquel espíritu burlón! El primero que visitó la ciudad fue el bonachón de Vespasiano, a quien los ciudadanos recibieron con esa típica actitud alejandrina en la que la adulación se mezcla con el escarnio y en la que el hombre que se humilla ante el poderoso no puede evitar ridiculizarlo. Lo trataron como a un dios, pero le pusieron el mote del *Palurdo Tacaño*. Abusaron tanto del natural apacible del emperador, que éste acabó por sancionarlos, imponiendo a cada ciudadano una fuerte multa en metálico. Su hijo Tito le suplicó que los eximiera del castigo. Vespasiano accedió. En la asamblea en que se comunicó oficialmente el perdón del emperador, los alejandrinos, incapaces de morderse la lengua, gritaron a coro: «¡Le perdonamos, ya que no sabe cómo ha de comportarse un César!».

La mayoría de los emperadores evitaron visitar Alejandría, temerosos de ser objeto de escarnio; tan sólo Adriano se sintió a sus anchas en esa ciudad, y aprovechó sus estancias para embellecerla y ampliar la Biblioteca y el Museo.

Cuando un siglo y medio después, en el año 215 de nuestra era, visitó la ciudad Caracalla, las burlas acabaron en lágrimas. Aquel personaje extravagante, vanidoso y caprichoso, que no dejaba de compararse con Aquiles y Alejandro, resultó ser el blanco perfecto para los alejandrinos. A oídos del emperador llegaron las chirigotas que inspiraba su persona. Y con el pretexto de que deseaba rendir honores a Alejandría, reclutando una falange que estaría integrada por la flor y nata de su juventud y que llevaría el nombre de Alejandro Magno, convocó a los jóvenes alejandrinos a reunirse al sur de la ciudad, fuera del recinto amurallado, pero dentro del inmenso patio que rodea el templo a Serapis, protegido por una enorme edificación cuadrangular. Cuando los tuvo reunidos, ordenó a sus tropas que cargasen contra ellos. Los soldados masacraron sin piedad a varios miles de jóvenes alejandrinos. Caracalla contempló la masacre desde lo alto del templo. Luego declaró ante los senadores alejandrinos que tan culpables eran los que habían muerto como los que habían logrado escapar con vida y que viesen como muestra de su magnánima clemencia el que se abstuviese de perseguir a los fugitivos. No contento con aquella carnicería, Caracalla suspendió los juegos públicos y anuló las subvenciones que pagaba el fisco a los miembros del Museo, cerrando en la práctica el único instituto de investigaciones científicas que había en todo el imperio.

Alejandría emprendió así el camino de la decadencia cultural, pero con eso no hacía más que acompañar al resto del Imperio romano por el despeñadero.

Tras la orgía militarista de la dinastía de los Severos que acabó con Caracalla, el Imperio se precipitó por lo que no fue más que una continuación lógica del predominio de la espada en la vida social. Siguió la espantosa época de lo que el pueblo llamó «emperadores de cuartelada», pues ahora fueron los soldados los que se dedicaron a proclamar emperadores, al igual que los niños eligen un rey durante las fiestas de la Saturnalia. Los alejandrinos dijeron entonces que los emperadores salían de una partida a los dados. Durante medio siglo, desde el 235 al 284, se sucedieron más de veinte emperadores, de los cuales sólo dos morirían de muerte natural.

En aquellos años, Alejandría recibió heridas más profundas que las infligidas por Julio César. Septimia Zenobia, reina de Palmira, se alzó contra el poder romano y extendió sus dominios desde el Éufrates hasta el Mediterráneo. Durante la toma de Alejandría, en el año 270, el Bruquio fue el distrito más castigado, pues era sede de las guarniciones y de las autoridades imperiales romanas. Tras apoderarse de la ciudad, las tropas invasoras saquearon la Biblioteca de Alejandría. Sin embargo, lo peor para la ciudad fue su reconquista por el emperador Aureliano. El Bruquio sufrió los embates de las legiones romanas. Zenobia figuraría en verdad en el cortejo del triunfo del emperador, pero Alejandría no se recuperaría nunca más de sus heridas, y las cicatrices se extendían ahora por su perímetro urbano, cebándose sobre todo en los que habían sido sus distritos monumentales.

En los tiempos del padre de Teón, fue Diocleciano quien destruyó Alejandría. El nuevo emperador romano no estaba dispuesto a tolerar a ningún rebelde dentro de sus dominios, y para hacer frente al levantamiento de un general sublevado, partió para Egipto en el 297, puso sitio a la ciudad de Alejandría y acabó tomándola por asalto.

Teón había vivido aquellos sucesos a través de los relatos del padre, que tenía a la sazón catorce años, y aún le parecía estarle escuchando cuando le hablaba del terrible asedio que se prolongó durante ocho meses. Lo peor habían sido las espantosas máquinas de guerra modernas con su gran poder destructor, y el bombardeo continuo, que no cesaba ni de noche. Los artilleros de Diocleciano disponían de piezas de artillería que habían sido inventadas y perfeccionadas por los físicos y matemáticos del Museo, armas que habían sido utilizadas con éxito en un sinfín de asedios en ciudades remotas y que ahora daban prueba de su eficacia en el mismo suelo alejandrino.

Las catapultas lanzaban su lluvia de flechas y lanzas. Las más temibles eran las automáticas, que disparaban hasta cincuenta flechas seguidas sin necesidad de cargarlas. Y luego estaban las que lanzaban proyectiles incendiarios. Y las balistas, que arrojaban bolas de piedra de hasta diez libras de peso. Y los onagros, con un alcance de hasta tres estadios para sus bolas de artillería de veinte y hasta treinta libras. Los techos se hundían, las paredes se desplomaban, los incendios devoraban barriadas enteras, y el hospital que se acababa de improvisar al amparo de los muros de un templo se convertía de repente en un cementerio. Cuando terminó el asedio, todo el complejo arquitectónico de la Biblioteca y del Museo no era más que un montón de escombros.

Muchos eruditos, que habían pasado su vida investigando en el Museo, tuvieron que recurrir a la docencia para poder mantener a sus familias. Algunos fueron incapaces de sobrevivir a aquella desgracia: se encerraron en sí mismos y acabaron consumiéndose de dolor. Pero no fue así como reaccionó el bisabuelo de Teón. Muy al contrario: juntó sus pequeños ahorros y se dedicó a especular en el Emporio, en la bolsa de Alejandría. Dedicó a ello todo su talento matemático y logró amasar una modesta fortuna. Luego empleó sus profundos conocimientos en astronomía y geografía para realizar atrevidas transacciones comerciales. En cierta ocasión, teniendo la certeza de que al año siguiente el Nilo depararía una espléndida cosecha, tomó en arriendo todas las prensas de aceite y todos los molinos harineros de Alejandría. Lo hizo en invierno, por lo que no pagó mucho por los arriendos. Quienes sí tuvieron que pagar fueron los que, el verano siguiente, necesitaron desesperadamente de esas instalaciones al verse desbordados por las grandes cosechas. El hombre ganó tanto dinero que trocó la especulación por la agricultura. Compró viñedos, campos de árboles frutales y vastos trigales en la comarca de Fayum. Se entusiasmó entonces por el arte de la agricultura. En la horticultura sus logros le hicieron famoso: en vez de plantar según el método tradicional, excavando un enorme hoyo para meter un árbol joven con ramas y hojas, abría un pequeño hueco, en el que introducía un tocón de apenas un palmo de alto. Tapaba el hueco con arcilla y la apisonaba. Los campesinos que lo vieron le dijeron que no se llevaría a la boca ni una sola fruta de su propia cosecha, y no salían de su asombro cuando aquel hombre de delicadas manos y aspecto de sabio distraído sacaba de sus tierras más carretadas que ellos.

En otra ocasión adquirió por una suma irrisoria una gran extensión de desierto, que convirtió en un vergel mediante un ingenioso sistema de regadío. El bisabuelo fue el ejemplo vivo del dicho de que el cuerdo convierte en dicha su desgracia. Gracias a él la familia poseía ahora unos sólidos cimientos materiales que bien podían calificarse de envidiables.

Tras el asalto de Diocleciano, los edificios de la Biblioteca y del Museo jamás fueron reconstruidos, las ruinas que dejó permanecieron, y tan sólo fueron desapareciendo poco a poco algunos escombros que los alejandrinos utilizaban para reconstruir sus casas, pero en la explanada que rodeaba al templo de Serapis las autoridades mandaron erigir en el mismo año de la destrucción de Alejandría una columna de granito rosa de Asuán en honor de Diocleciano. En la columna grabaron una inscripción que Teón se sabía de memoria, pues la veía prácticamente todos los días:

«Al más justo de los emperadores, al divino protector de Alejandría, Diocleciano el Invencible. Póstumo, prefecto de Egipto.»

No sólo desaparecieron la Biblioteca y el Museo en tiempos de Diocleciano, sino que también se fraguó el funesto proceso que amenazaba ahora con la destrucción de lo que Teón consideraba su propio mundo: cuando Diocleciano desató su campaña represiva contra el cristianismo, un movimiento religioso exaltado e intolerante que desafiaba los cimientos mismos de la autoridad imperial, el resultado fue un fracaso que culminó en una sucesión de seis emperadores rivales combatiendo entre sí por el poder supremo. Cuatro murieron y los dos restantes, Constantino y Majencio, decidieron poner fin a las persecuciones de cristianos, refrendando su decisión en el edicto de Milán del año 313, el llamado *Edicto de la tolerancia*, que Constantino interpretó como tolerancia hacia la nueva religión.

Sin embargo, a la hora de la verdad, el *Edicto de la tolerancia* acabó con la libertad de culto. Cuando, años después, en la batalla de Adrianápolis (323), Constantino venció a su oponente y lo mandó ejecutar, quedándose como amo absoluto del Este y del Oeste, se apresuró a convertir el cristianismo en religión de Estado y a fundar su nueva capital, cuyas obras financió en gran medida con el saqueo de los templos de las demás religiones. Y si ya en sus años de emperador de Occidente había utilizado el *Edicto de la tolerancia* para imponer la pena capital sobre ciertas prácticas adivinatorias, ahora los edictos se sucedieron a los edictos, los decretos a los decretos y las prohibiciones culminaron en el golpe de gracia contra todas las religiones ancestrales: la proscripción universal de los sacrificios a los dioses, que a partir de entonces se castigaron con la pena de muerte.

Sin las ofrendas a las divinidades, los templos perdían su razón de ser. Aquel golpe fue mucho más contundente que todas las medidas que había adoptado anteriormente, como la destrucción misma de los templos o su clausura o la prohibición de repararlos y construir otros nuevos. Aquella interdicción era tan espantosa, tan absoluta en su espíritu, y de consecuencias tan inimaginables en su aplicación, que sólo se mantenía porque las autoridades hacían en muchos casos la vista gorda ante el temor de revueltas y sublevaciones populares. Se había llegado así a un modus vivendi caracterizado por la precariedad, ya que el inestable equilibrio del mismo dependía del capricho del gobernante de turno.

Hacía ya treinta y tres años que había muerto el emperador Constantino, dejando un imperio que se adentraba cada vez más por unos derroteros que el propio príncipe no hubiese imaginado jamás. Teón había nacido durante el reinado de Constantino, en un Imperio romano unificado, ya convertido, por la gracia que Dios otorgaba al primer emperador cristiano, en monarquía de derecho divino, y aun cuando entonces sólo tenía nueve años, recordaba el día en que el fundador de Constantinopla repartió sus dominios entre sus tres hijos, y lo recordaba por el revuelo que habían formado en su casa los amigos del padre, discutiendo la noticia.

En los círculos helenísticos la división del Imperio fue tomada con gran consternación, lo que no fue el caso entre los cristianos. Aunque muchos de ellos reprochaban a Constantino que hubiese esperado hasta la hora de su muerte para hacerse bautizar, y aunque algunas almas candorosas le censuraban el haber mandado ejecutar a su esposa Fausta y a su hijo Crispo, todos ellos sabían que los hijos de Constantino habían sido educados desde muy niños en los principios de la religión cristiana. De ahí que los jerarcas de la Iglesia acogiesen aquella decisión con gran júbilo. Veían en los tres nuevos gobernantes la encarnación terrena del misterio de las tres personas distintas que se fusionaban en un único dios verdadero, y acabaron por apodarlos La Santísima Trinidad.

Tracia, Asia y Egipto fueron las provincias que recibió por herencia el menor de los hermanos, Constancio II. Desde la edad de nueve años Teón viviría en tiempos de ese emperador. Se había pasado la infancia durante el reinado de Constantino I y luego transcurriría su juventud en el imperio de su hijo. Hasta que cumplió los veintidós años. A partir de entonces Teón viviría de nuevo en un imperio unificado, cuya capital, tras recorrer varias provincias del Imperio, acabó trasladándose de Roma a Constantinopla. Y aquel milagro había ocurrido cuando Constancio II libró una larga, intrincada y sangrienta contienda por el poder, que culminó en la transustanciación de sus dos hermanos en cadáveres y en su ascensión al trono unificado por la gracia de Dios.

Al cumplir los treinta y tres, Teón vivió los tres años de euforia que trajeron el reinado de Juliano (361 a 363) y el renacimiento del helenismo, pero una lanza arrojada desde las propias filas de su ejército acabaría con la vida del emperador. Los cristianos dijeron que había sido un castigo divino, pero luego no supieron qué decir cuando el emperador que le sucedió, hombre de profundas convicciones cristianas, murió a los ocho meses de gobierno al asfixiarse tontamente con el humo del fuego que ardía junto a su cama.

El Imperio quedó de nuevo repartido entre sus partes occidental y oriental. Desde hacía seis años el emperador Valente dirigía los destinos del Imperio romano de Oriente, mientras que su hermano Valentiniano dirigía los de Occidente. Los pueblos se repartían ahora como los rebaños de cabras entre los herederos del pastor difunto.

La hija de Teón había nacido en el año séptimo

del reinado del panonio Flavio Valente en lo que ahora era el Imperio romano de Oriente. Había tenido suerte en nacer en la parte oriental, pues era la más culta, la que poseía los mayores recursos económicos y la mayor densidad de población. Ahí la mujer gozaba de mayor libertad, tenía más derechos y podía forjar su propio destino.

Teón recorrió con la mirada la zona del Bruquio, tratando de encontrar el lugar donde se alzaba su casa, pero le fue imposible distinguirla entre la maraña de calles que ahora se extendía como un intrincado laberinto por lo que otrora fuera la zona residencial de la aristocracia lágida. Allí habían estado también los edificios y los parques del Museo, allí la Biblioteca, el mausoleo de Alejandro, los palacios reales y los templos a los dioses olímpicos. Ahora cada cual parecía haber construido como le venía en gana. Tan sólo resaltaba, frente al mar, la espléndida edificación en mármol del templo que fue erigido en honor a Julio César. La gente creía que sólo una sucesión de milagros había permitido que el Cesareo aún se alzase en toda su majestuosidad. Él lo atribuía a una concatenación de casualidades matemáticas, cuyo cálculo demostraría la inexistencia de ese templo. Pero allí abajo se alzaba, como prueba de la incertidumbre de los cálculos humanos y muestra de lo que había sido la ciudad hacía cuatro siglos.

Teón giró lentamente la cabeza hacia la izquierda, recorriendo con la mirada la pequeña lengua de tierra del Timoneo y divisó a lo lejos, frente a la diminuta isla de Antirrodas, el teatro que el segundo de los Ptolomeos había mandado erigir en honor al dios Dionisio. Tan sólo quedaban las gradas y parte de la orquesta. La escena había desaparecido. Pero sabía por su padre que el teatro aún se conservaba intacto incluso cuando él ya había nacido. Nada le hubiese gustado más que poder ver por el ojo de la cerradura de una puerta que diese a otros tiempos los actos que se celebraban durante las festividades de Dionisio. A veces, de niño, soñaba con que asistía allí a un concierto y trataba de reproducir los goces estéticos que embargarían a los espectadores.

Se imaginó entonces que estaba sentado en la primera fila de las gradas y que en el escenario aparecía su esposa tocando la flauta. Tal fue la intensidad de esa fantasía nacida del deseo, que creyó escuchar las cadencias de una dulce melodía. Estaba perdidamente enamorado de su mujer, la quería con auténtica locura, en él había despertado la pasión desde el primer momento que la conoció. Había sido hacía dos años, en casa de un amigo astrónomo que lo había invitado a un banquete para festejar el natalicio de su hija, que ese día cumplía dieciocho años. Teón estaba sentado junto con los demás invitados en la sala de conciertos que habían improvisado en el patio interior de la casa y de repente se presentó una joven de extraordinaria belleza que les ofreció un breve recital de flauta y que luego les cantó unas cuantas estrofas de autores famosos a las que ella misma había puesto música. Sumido en un estado de embeleso, Teón había seguido la actuación sin pestañear siquiera para no perderse ni un solo instante de esa asombrosa visión. Recordaba incluso el instante mismo en que se había quedado definitivamente prendado de la joven. Había sido cuando la chica dirigió a los invitados una mirada burlona y, tras hacer un pícaro mohín, les cantó los versos de un epigrama de Asclepio:

¿Qué sentido tiene proteger
tu preciada virginidad?
Cuando desciendas al Hades,
allá no habrá amantes,
tan sólo cenizas y huesos.

A veces, entre risas, él y su esposa decían que se habían conocido en una reunión de conspiradores y que su matrimonio había tenido su inicio en un delito de lesa majestad. Y es que vivían en unos tiempos en que las representaciones teatrales y los recitales de música ya no se celebraban en público, sino en la privacidad de los salones y en condiciones que podían considerarse como de clandestinidad.

Entornó los párpados para distinguir a su izquierda, a lo lejos, la puerta oriental de la ciudad, la llamada puerta del Sol, donde comenzaba la avenida de Canopo, y luego recorrió con la vista la avenida hasta el otro extremo de la ciudad, donde esa vía se veía interrumpida por la puerta de la Luna. Siguió girando lentamente la cabeza hacia su derecha hasta divisar el barrio de Ennaton, que cada vez se adentraba más en el desierto. En esos momentos sintió un escalofrío y la imperiosa necesidad de abandonar la torre.

CAPÍTULO III

Augurio funesto

Teón bajó esta vez por la rampa, dejándose llevar con cansina indolencia por el peso de su cuerpo, y se detuvo en los rellanos de cada uno de los cuarenta pisos de la torre para acercarse a las ventanas y dirigir miradas furtivas a su ciudad. Si hacía unos momentos, desde todo lo alto, la había contemplado con los ojos de un heleno, proclives a resaltar siempre la herencia griega, ahora lo que resaltaba ante sus ojos era la proliferación de las ancestrales supersticiones egipcias, resucitadas gracias a su singular fusión con el judaísmo. Las iglesias nazarenas amenazaban con desterrar de su ciudad el legado de Alejandro y hacer que del macedonio no conservase más que el nombre.

Al salir del Faro, Teón montó en su caballo y regresó de nuevo a Alejandría por la carretera del Heptaestadio. Esta vez dobló a la izquierda y se internó por las calles del puerto, pues pensaba meterse por el inicio de la vía Soma para visitar la librería del armenio, situada antes de llegar al cruce con la avenida de Canopo. Al salir del Heptaestadio vio a su izquierda la iglesia de San Atanasio, construida sobre las ruinas del viejo templo de Afrodita y pasó luego delante de la iglesia de San Marcos, donde los cristianos aseguraban que se encontraban los restos mortales del predicador que había evangelizado Egipto. Aminoró el trote para contemplar, no sin cierta envidia, el antiguo palacio de Adriano, que ahora era la sede del Didascalion, la Escuela a secas, la primera y única escuela catequética del mundo, que poco a poco se había ido convirtiendo en una especie de centro de estudios teológicos.

La Escuela era una institución típicamente alejandrina. No tenía parangón en ninguna otra parte del Imperio romano. Creada, hacía ya un par de siglos, para combatir la influencia racionalista del Museo y enfrentarse a sus eruditos con sus mismas armas y en su propio terreno, había sido su fundador un filósofo estoico convertido al cristianismo. Los estudios en la Escuela no sólo comprendían las sagradas escrituras de los nazarenos, sino también la filosofía, la historia, la geografía y las matemáticas. La enseñanza se impartía de acuerdo con los acreditados métodos pedagógicos de la filosofía y la ciencia helenas. De ahí que sus profesores tendiesen a despojar al cristianismo de sus profundas raíces egipcias y lo considerasen como una síntesis entre el helenismo y el judaísmo, con lo que relegaban a un segundo plano la concepción eclesiástica de que la nueva religión había surgido de una revelación divina capaz de transformar todas las concepciones humanas anteriores sobre las relaciones entre el hombre y sus dioses. Así que a la larga la Escuela acabó convirtiéndose en un refugio de la heterodoxia y su existencia estuvo jalonada por fricciones entre sus profesores y las jerarquías eclesiásticas. Pero seguía siendo el único centro de saber que podía combatir intelectualmente al helenismo, por lo que, aunque a regañadientes, era tolerado.

Aunque para Teón el Didascalion no era más que un nido de enemigos, se decía que era también el ejemplo de que Alejandría seguía siendo el núcleo pensador del mundo conocido. En esa ciudad de los superlativos tenía que darse tanto lo bueno como lo malo; en ella la razón, al igual que la superstición, podían y debían tener su lugar.

Al pasar por delante del antiguo palacio de Adriano, divisó la iglesia de Baucalis, cuya silueta, recortada ante las aguas del puerto, lanzaba destellos de plata en sus reverberantes contornos. Había sido en aquel edificio insignificante donde había tenido su epicentro el terremoto devastador que había sacudido en sus mismos cimientos al cristianismo desde Britania hasta la India y que había obligado al emperador Constantino a intervenir personalmente en lo que se perfilaba como la mayor convulsión que amenazaba con el temido cisma a una Iglesia que él quería ver monolítica y unificada.

Siempre se habían elevado voces disidentes, siempre habían surgido movimientos que pretendían ser los únicos verdaderos y que acababan siendo tachados de herejías, siempre, en todo momento, desde el principio mismo del cristianismo, había habido bandos que habían combatido entre sí con ferocidad y ensañamiento inauditos, pero lo que había ocurrido ahí, lo que un sacerdote había desencadenado desde su púlpito en la pequeña iglesia del puerto alejandrino superaba todo lo imaginable.

En el sexto año del patriarcado del obispo Alejandro, en el 319 de nuestra era, el presbítero Arrio, que había sido el candidato opositor al arzobispado alejandrino, comenzó a dar la serie de discursos que conmocionarían al mundo. Su batalla se libraba en torno a las dos primeras personas de las tres que componían la trinidad cristiana. La tercera no pareció interesarle a nadie. Se enfrentaban entonces las tres grandes corrientes del pensamiento religioso que se habían unificado en torno a la figura de Jesús: la griega, la judía y la oriental. Para los judíos no podía existir más que un dios, por lo que Jesús era hombre o era dios, aun cuando la figura de aquel redentor encajaba perfectamente con la del esperado mesías de los hijos de Abraham. Para los orientales, Dios era espíritu puro y Jesús no podía ser otra cosa más que la manifestación espiritual de Dios. Contaban además con una larga tradición de misterios que sólo podían ser entendidos por medio de la fe y con el trío formado por Dios, el Hombre y el Mundo, que no era más que la intelectualización de la trinidad divina de Osiris, Isis y Horus. Para los griegos, proclives siempre al racionalismo, Dios había existido antes que Jesús, ya que lo había engendrado, por lo que su hijo no podía ser otra cosa más que la emanación de su persona. Y entre las capas populares de griegos y helenos, nada podía tener de extraño que el dios supremo decidiese solazarse una noche con una buena moza y recurriese para ello al socorrido Espíritu Santo, pues a seres más grotescos había apelado Zeus cuando no dudaba en convertirse en cisne para calmar sus apetitos. Coincidían esas tres corrientes en el carácter divino del mesías que había venido al mundo a traerles la palabra de Dios.

Hasta que a Arrio se le ocurrió argumentar durante uno de sus sermones que si el padre había engendrado al hijo, éste era posterior a él y su existencia había tenido un origen, por lo que no podía ser idéntico a quien carecía de principio y de fin. La Trinidad se hacía añicos y sólo el Espíritu Santo, al margen de toda discordia, parecía contemplar burlonamente desde sus celestiales alturas el desarrollo de aquella contienda teológica que a él en nada afectaba.

Alejandro puso el grito en el cielo y denunció que la cristiandad se enfrentaba ahora a la peor de todas las herejías: la herejía del racionalismo. Convocó un sínodo en Alejandría, al que asistieron los obispos de las doce diócesis de la provincia de Egipto, y anatematizó a Arrio, que quedaba así excomulgado y fuera de la Iglesia apostólica. Ante el temor de que su Iglesia se dividiera al menos en dos pedazos, a Constantino I no le quedó más remedio que tomar cartas en el asunto. Logró que más de trescientos obispos se reunieran en Nicea, en lo que fue el primer concilio ecuménico de la Iglesia apostólica, con la misión de analizar los profundos dilemas hermenéuticos en que se basaba la disputa y encontrar una solución que permitiera dirimirla. Y allí, en la capital de Bitinia, en un palacio a orillas del mar de Marmora, los jerarcas eclesiásticos se enzarzaron en un acalorado debate que parecía no tener fin. Durante más de dos meses estuvieron discutiendo si el profeta nazareno a quien todos reconocían como hijo de una divinidad única y suprema era o no su propio padre. Si, como afirmaba el partido de Atanasio, Jesús se había engendrado a sí mismo, utilizando como vehículo el vientre de una mujer, entonces la teoría de la encarnación divina estaba salvada y salvada estaba también la Santísima Trinidad. Pero si tenía razón el partido de Arrio, la encarnación era un mito, Jesús era un mortal y la Santísima Trinidad se reducía a una entelequia. Arrio argumentaba que lo que había tenido un principio y un fin y había existido entre los demás mortales no podía ser al mismo tiempo una deidad eterna, infinita y omnipotente. Los otros oponían que la Santísima Trinidad no era más que un misterio y que los misterios son inasequibles al razonamiento humano y sólo pueden ser entendidos por medio de la fe. Los misterios no estaban para hurgar en ellos con el intelecto, sino para ser aceptados. Lo importante no era pensar, sino creer.

Finalmente, los doctos padres de la Iglesia católica encontraron la solución, haciendo lo que se hace siempre en esos casos en que el entendimiento humano se extravía en las elucubraciones en torno a los productos de su propia fantasía y pierde todo sentido de la realidad: se inventaron una palabra. El término *homuseion,* «consustancial», unió a todos los prelados: el hijo era consustancial con respecto al padre, Jesús era Dios.

Todo aquello había ocurrido tres años antes del nacimiento de Teón, pero los alejandrinos seguían diciendo, para referirse a las peleas violentas, que «se había armado la de Dios es Cristo». El padre le había hablado del concilio y le había explicado que detrás de todos aquellos combates dialécticos, que se desarrollaban, aparentemente, a un nivel espiritual, se ocultaba la lucha a muerte entre las cuatro ciudades principales del Imperio para ver cuál de ellas se quedaba con la supremacía en el seno de la Iglesia nazarena.

Roma no quería perder del todo el prestigio que le daba su papado. Constantinopla quería asumir los poderes de Roma. Antioquía soñaba con arrebatar a Alejandría su oficiosa posición predominante. Y Alejandría quería conservar esa posición tan duramente conquistada, por lo que no titubeaba en aliarse con Roma. Como siempre, le decía el padre, cada vez que los seres humanos compiten entre sí por la posesión de concretos bienes materiales, se sienten tan avergonzados que ocultan sus intereses bajo el manto de propósitos altruistas. Para poder saquear y masacrar con la conciencia tranquila, el hombre necesita convencerse a sí mismo de que lo hace por motivos nobles y causas justas. Así, a las dos primeras personas de la trinidad nazarena les tocó en suerte hacer de tambores para que los prelados los batieran.

El vencedor indiscutible de aquella guerra de tambores fue el patriarca Alejandro, el artífice del Concilio de Nicea y el hombre que echó las bases para consolidar la supremacía indiscutible de la Iglesia católica alejandrina sobre todas las demás. Su victoria se debió a que había encabezado el grupo más poderoso, entre los que se contaron su veintena de obispos de las provincias a su cargo de Egipto y Cirene. En aquella batalla teológica estuvo asistido por su secretario particular, el prelado Atanasio, su sucesor, quien resumiría años más tarde el espíritu niceno, diciendo: «No fue el hombre el que se convirtió luego en dios, sino que Dios se hizo hombre para divinizarnos».

Teón había oído hablar de Atanasio desde que tenía uso de razón. De hecho, aquel obispo se había encumbrado a la silla patriarcal precisamente el mismo año en que él había nacido. Atanasio comenzó su cruzada para enderezar el destino de la cristiandad cuando a él le faltaban aún dos meses para venir al mundo. Multitud de historias le habían relatado sobre ese hombre, a quien Teón tenía por el único ente ubicuo de la religión nazarena.

De los orígenes de Atanasio se contaba que encontrándose un día el patriarca Alejandro apoyado en el alféizar de su ventana, recreando la vista en las aguas del puerto, se fijó en un grupo de rapazuelos que jugaban por el muelle y reparó en que estaban remedando los ritos cristianos. Pensando que hacían burla de las cosas sagradas, ordenó que los trajesen para amonestarlos. Mas al interrogarlos en presencia de los presbíteros que lo acompañaban, todos quedaron muy sorprendidos al enterarse de que uno de los chicos, llamado Atanasio, había sido bautizado con agua de mar y era devoto de la fe cristiana. Parecía tan despierto, que los clérigos decidieron consagrarlo al sacerdocio. Atanasio acabaría convirtiéndose en su protegido. Quizás intuyese que estaba apoyando a quien habría de ser el mayor paladín de toda la cristiandad.

Cuando el emperador Constantino I adoptó el cristianismo como religión oficial, se vio obligado a perseguir a todas las demás religiones, ya que los nuevos pontífices no estaban dispuestos a tolerar más deidad que la suya. Pensaría el emperador que la pujanza de la nueva secta y su férrea organización le compensarían con creces por los inevitables conflictos de orden público a los que tendría que enfrentarse y le ayudarían a realizar su sueño del poder absoluto. Con el fin de consolidar la unidad combativa de aquella fuerza, no dudó en patrocinar el Concilio de Nicea y seguir el juego al patriarca alejandrino. Daría por sentado que esa fuerza aguerrida y disciplinada se pondría por entero a su servicio. Pero no contó con la cabezonería de los habitantes de la capital egipcia. Vendría a desbaratar sus planes el obispo Atanasio, el actual patriarca de Alejandría, un hombre que haría honor a la proverbial testarudez de sus paisanos.

Utilizando la jerga cristiana, Teón decía de Atanasio que no era santo de su devoción, pero en el fondo admiraba la terquedad de aquel hombre, su capacidad para defenderse como gato panza arriba, para no dejarse doblegar, para salir con vida de situaciones en que otros hubiesen perecido de muerte trágica o de abatimiento. Pensaba que si Atanasio hubiese utilizado su inteligencia y su tenacidad en cualquiera de las ciencias de la naturaleza, habría contribuido como pocos al avance de las mismas. Mas por desgracia, aquel hombre había abrazado una causa defendida por personas que veían en la investigación de los fenómenos naturales un delito de lesa divinidad.

Poco después del Concilio de Nicea, cuando el emperador Constantino, ante las presiones del clero constantinopolitano, envió a Alejandría al excomulgado Arrio con la orden de que fuese admitido de nuevo en el seno de la Iglesia, Atanasio se negó rotundamente a obedecer al emperador; es más, amenazó a Arrio con darle muerte con sus propias manos si no regresaba inmediatamente a Constantinopla. Desde entonces, Atanasio luchó por el poder y por su vida con todas sus fuerzas, y acabó ganando. Desde entonces, también, Teón había visto arder más de un templo y había presenciado como hordas de monjes enardecidos arrastraban por las calles las estatuas de los dioses en medio de las burlas y el escarnio. Teón sabía que vivía en un mundo capaz de mantenerse sólo porque las personas que detentaban el poder eclesiástico andaban demasiado ocupadas en sus propias rencillas, en librar sus propias batallas y en zanjar sus propias querellas. No quería ni pensar en lo que ocurriría el día en que esa religión lograse unificarse del todo y desatase la furia que la consumía en contra de su entorno.

Pensó en su pequeña Hypatia, y le asaltó una inquietud indefinida de miedos difusos. Aguijoneó al caballo, se lanzó a galope tendido por las calles de Alejandría, en una alocada carrera sin miramiento alguno, y no se detuvo hasta llegar a la misma puerta de la librería del armenio.

Al entrar en la librería sintió que el universo recobraba la armonía y que el entorno se volvía amable y acogedor. Se había criado entre libros, y éstos le traían siempre los recuerdos de la enorme biblioteca del padre, que ocupaba la habitación más espaciosa de la segunda planta de la casa. De niño se quedaba horas enteras contemplando las estanterías que llegaban hasta el techo, todas repletas de libros colocados con absoluta precisión. Y todos los libros estaban protegidos por un papel basto de color pardo. Absolutamente todos. El padre, maniático compulsivo en todo lo referente a su biblioteca, le había enseñado a forrarlos, y él mismo se pasaba horas enteras cortando las grandes láminas de papel de embalaje en cuadriláteros perfectos y preparando los forros con una perseverancia digna de mejor causa. Incluso por dentro pegaba los pliegues con goma arábiga. Recordaba que aquel trabajo había durado meses, y se veía desempaquetando los grandes fardos de aquel odiado papel pardo, cortando y recortando las grandes hojas, plegando y encolando, hasta lograr forros de una perfección inigualada por el padre.

Recordaba también lo triste que se había sentido al ver la espléndida biblioteca convertida en una sucesión monótona de lomos lisos y del color de la tierra. Ni siquiera un nombre o un título escritos en el papel para identificar los libros. Y lo curioso fue que tanto él como su padre encontraban al instante el tomo que andaban buscando, pues localizaban los textos por el lugar que ocupaban en las estanterías. Pero nadie más que ellos podía encontrar un solo libro en aquella biblioteca. Hasta que un buen día, que recordaba como uno de los más felices de su vida, el padre tomó la decisión de quitar las fundas a los libros. Se lanzó con ahínco a aquella magna tarea. Jamás había hecho algo con tal entusiasmo. Cuando terminó, al cabo de unos días, había montones de papel arrugado tirados por el suelo y la biblioteca había recobrado su antiguo esplendor. Era una delicia contemplar ahora los lomos de los libros, con sus estampados en oro y sus colores variados.

Había pasado su infancia leyendo, y la lectura se había convertido para él en el mayor placer del mundo. De joven había descubierto un placer nuevo, esta vez físico, en el contacto con los libros. Él y su mejor amigo se inventaron un juego: uno de los dos cerraba los ojos, el otro le ponía un libro en las manos y entonces llegaba el momento de abrirlo, acercarlo a las fosas nasales, olerlo intensamente y determinar de dónde provenía y cómo se llamaba el editor. Descubrieron que todos los libros que salían de un mismo taller tenían un olor que los caracterizaba, e incluso se distinguían las diversas colecciones de un mismo taller. Habían transcurrido ya muchos años desde aquel juego, y también había ido perdiendo la costumbre de oler los libros, pero a veces, cuando adquiría un ejemplar raro, lo primero que hacía era abrirlo y llevárselo a la nariz.

La librería ocupaba un recinto de unos cincuenta pasos de ancho por treinta de fondo, dividido en dos pisos, al segundo de los cuales se accedía por una escalerilla de caracol. En su segunda planta el piso se reducía a un estrecho pasillo que rodeaba las paredes y dejaba una gran superficie hueca en el centro, por la que se veía el techo abovedado, decorado con alegres frescos en los que se reproducían escenas bucólicas inspiradas en los versos de Teócrito. Poder divisar desde abajo el techo de la segunda planta y no ver más que libros en los estantes que cubrían todas las paredes, hacía que el local transmitiera una sobrecogedora sensación de amplitud. Era, con mucho, la mejor librería de la ciudad, la más lujosa, la que más variedad ofrecía.

En el centro había una larga y estrecha mesa cuya tabla era un cajón con tapa de cristal. Allí se podían admirar algunos ejemplares raros y antiguos, como *La historia de Alejandro* compuesta por Ptolomeo II Filadelfo, en una edición crítica que había estado a cargo de Zenódoto de Éfeso. Unas auténticas joyas, que no se movían de allí, pues el librero pedía sumas exorbitantes por ellas, seguramente para que nadie se las comprase. Era una delicia acariciar esos viejos rollos de pergamino protegidos por tubos de cuero. Tenían un encanto muy particular, pero Teón se alegraba de que ese método de edición hubiese pasado a la historia. No le hubiese gustado estar desenrollando treinta metros de libro y no poder pasar rápidamente las páginas para encontrar fácilmente el pasaje que buscaba. Prefería el libro moderno, con sus atractivas tapas y sus hojas bellamente caligrafiadas.

Paralela a esa mesa se encontraba otra de igual tamaño, pero de tabla de madera de cedro aromático, donde se ponían a la vista las últimas obras publicadas. En nichos repartidos por las estanterías había bustos de mármol con las efigies de escritores y pensadores famosos. Al fondo, a la izquierda, en un rincón rodeado por las estatuas de las nueve musas, había unos sillones alrededor de una gran mesa circular, a la que uno podía sentarse a leer o a pasar un rato de animada charla con el propietario del establecimiento.

Se dirigió al rincón de lectura, pues había divisado

al armenio conversando alegremente con un par de visitantes. El librero era un hombre enjuto y bajito, extraordinariamente locuaz y con el aspecto de quien ha nacido ya predestinado a convertirse en un ratón de biblioteca. Al igual que muchos de sus compatriotas, era pelirrojo y tenía los ojos de un azul intenso. En el centro de la mesa había un busto de Homero, hecho de alabastro, y al lado, sobre la superficie de la tabla, se veía una mancha cuadrangular, que desentonaba por su color más claro y que delataba que en ese sitio había estado colocado un objeto durante muchísimo tiempo. Teón había logrado verlo, hacía ya muchos años. Era un busto, también de alabastro, con la efigie de Demócrito. No era una copia, sino la obra de un escultor alejandrino, que había logrado reflejar a la perfección el carácter del gran pensador de Abdera, pues a la majestad que irradiaban sus facciones había logrado superponer el carácter alegre de aquel hombre que penetró en los recovecos de la psiquis humana y se elevó hasta las más remotas estrellas. Teón echaba en falta aquel rostro que parecía estarse burlando afablemente de todo.

Saludó al armenio, abrazándolo y besándolo en los carrillos, y le expuso el objeto de su visita. Efectivamente, no se había equivocado: habían llegado libros de España. Aún no le había dado tiempo a colocarlos, pero ya los había desempaquetado y los tenía amontonados sobre la mesa que estaba bajo la escalera de caracol. El librero le acompañó hasta la mesa como si Teón no supiese más que de sobra dónde se encontraba.

Al acercarse al montón de libros españoles, Teón sintió un escalofrío de placer. Los hubiese encontrado a ciegas, dejándose guiar por el olfato. No tenían el olor penetrante, casi cáustico, de los libros que venían de Siria, ni tampoco dulzón como el de los libros alejandrinos, sino que exhalaban un perfume ligeramente acre, con un toque delicado de resina mezclada con azahar. Era un aroma muy peculiar, que se le había quedado grabado desde sus años de juventud. Era ese aroma lo que le daba un escalofrío de placer al acercarse al montón de libros españoles y no la expectativa de encontrar en él obras que le atrajeran. Escasas eran las obras importantes que llegaban de Occidente; en matemáticas, prácticamente ninguna. No esperaba encontrar obra alguna que destacase en las ciencias de la naturaleza, pues los españoles se habían sumado a la actitud romana de dejar que inventasen y descubriesen los demás. Sin embargo, cosa curiosa, las raras ocasiones en que había llegado algo bueno de Occidente, se había tratado precisamente de obras escritas por investigadores españoles, pero desde aquel entonces habían transcurrido ya unos tres siglos. Recordaba haber leído con fruición a algunos autores españoles que le había recomendado el padre, como a Mela y a Balbo. Columela le había apasionado y aún podía repetir de memoria las fórmulas que aquel autor había desarrollado para el cálculo de las superficies de los triángulos y de los segmentos de un círculo. Pero no eran obras de ciencia lo que buscaba: simplemente, le gustaba leer en latín de vez en cuando, y en Alejandría, en esos tiempos, apenas se publicaba en latín.

Se puso a rebuscar entre el montón de libros, y lo primero que encontró fueron dos obras de Atanasio vertidas del griego al latín. ¿Qué necesidad tendrían en Alejandría de leer en latín el *Discurso sobre la Encarnación del Verbo* y la *Vida de san Antonio*? Luego se topó con *Las actas del Concilio de Illiberis* y con una obra de autor anónimo cuyo título era *La Pasión de san Fructuoso.* Se puso a leer rápidamente los títulos y por sus manos pasaron, entre otras muchas obras sobre la vida y milagros de los mártires santos, la *Historia Evangélica* en hexámetros de un tal Juvenco y el *Discurso contra los arrianos* de Osio, obispo de Córdoba. Abrió uno de los libros de un autor que se repetía mucho en las portadas, un tal Prudencio, leyó algunos versos, todos de carácter lírico y didáctico, y no tardó mucho en cerrarlo, pues acabaron empalagándole aquellos interminables relatos rimados sobre las pasiones de los héroes nazarenos. De los autores itálicos sólo estaban presentes Virgilio y Horacio. No se molestó en abrirlos. No cambiaría un solo verso de Cátulo por quienes pusieron sus plumas al servicio de tiranos.

Estaba a punto de apartarse de la mesa cuando el librero, adivinando su desencanto, le señaló un montón de libros que tenía en una mesita al lado. Ahí encontró Teón una verdadera joya: el testamento de Séneca editado por un librero de Tréveris con motivo del ducentésimo aniversario de la muerte del filósofo cordobés. Decidió comprarlo, pues en la casa sólo tenía una traducción al griego. Aquellas líneas que dictara Séneca justo en el momento de su muerte, cuando se estaba desangrando, habían causado un gran revuelo en todo el Imperio. Llegaron a ser tan famosas, que el mismo Tácito, tan dado a repetir discursos aunque fuese inventándoselos, consideró innecesario reproducir el testamento por ser de sobra conocido. Vio luego las obras que Séneca había escrito sobre Egipto, que ya leyera de niño. Hojeó sus dramas, algunos compuestos para entretener a Nerón, y estuvo examinando detenidamente una preciosa edición de las *Cuestiones naturales*. Después volvió a coger entre sus manos una edición particularmente cuidada de las *Epístolas a Lucilio*. No conocía la obra y sólo se había fijado en ella por la calidad del papel y por el sumo esmero que se advertía enseguida en lo relativo a la anchura de las columnas y al número de líneas por columnas y de letras por línea; los blancos marginales eran generosos y bien proporcionados; la caligrafía era elegante, con trazos de exquisita belleza. Se puso a hojearla lentamente y sintió que en aquellas páginas había algo que le fascinaba. Algunas de las frases que leyó y releyó le produjeron consuelo. Decidió adquirir también esa obra.

Subió entonces por la escalera de caracol a la segunda planta para echar un vistazo a la sección de matemáticas y astronomía. Pasó cariñosamente la palma de la mano por los volúmenes de las obras de Pappo. No encontraría ninguna que no tuviera ya. Lo primero que hacía ese venerable anciano cuando editaba un libro era venir a su casa y regalárselo. Estuvo ojeando algunos volúmenes en los estantes de los libros de geografía, de botánica y de zoología y advirtió cambios profundos desde la última vez que había estado allí. Se había reducido aún más el espacio dedicado a las ciencias naturales para dar cabida al alud imparable de la literatura religiosa. Los libros de astrología arrinconaban peligrosamente a los de astronomía. Incluso los libros de gastronomía, que antes llenaban estanterías enteras, se habían reducido a media docena de títulos. Pero aquel misterio ya se lo había explicado el armenio: un día se había presentado una horda de monjes en la librería y le había amenazado con prenderle fuego si no quitaba de inmediato aquellos libros que incitaban al vicio de la gula. El hombre tuvo que retirar todos los recetarios de cocina, como había tenido que retirar años antes las obras de todos los pensadores jonios y hasta los poemas de Safo y *Los idilios* de Teócrito. Y en otra ocasión, cuando ya hacía tiempo que se había visto obligado a bajar al sótano los más de doscientos tomos que componían las obras completas de Demócrito, le exigieron que retirase también el busto que tenía junto al de Homero. Algún presbítero culto les habría llamado la atención al respecto. Pero esa vez dijo que no, que de ninguna manera. Su Demócrito siempre había estado junto a Homero. Aparecieron días después con una voluminosa edición de los sermones del patriarca alejandrino Dionisio, en los que arremetía contra Demócrito, diciendo que era peor que los ateos, pues éstos al menos negaban a Dios, mientras que el abderiense ni siquiera se tomaba la molestia de tener en cuenta su existencia. Le dieron a elegir entre tragarse los sermones o retirar el busto.

Demócrito había encabezado la larga lista de los autores que habían ido desapareciendo poco a poco de los estantes de la librería. Y tanto más curioso le resultaba que no hubiese desaparecido uno de los ateos más furibundos y mordaces que habían dado las letras griegas, el divertidísimo Luciano de Samosata, cuyas obras habían sido siempre para Teón, sobre todo de niño, una fuente inagotable de carcajadas. Pero es que aquel curioso personaje, que fue retórico, escultor y abogado, había escrito sus sátiras contra los dioses en una época en que el cristianismo, con apenas siglo y medio de existencia, no era más que una insignificante secta a la que todos confundían con la judía, la única de la que prácticamente se nutría. Y como Luciano, por desconocer la religión nazarena, no había podido meterse con ella ni hacer chistes sobre las tres estrafalarias personas que no eran más que una, se convertía a los ojos de los cristianos en una persona que fustigaba al politeísmo helénico. Así que ese autor se mantendría junto con Séneca. Si la nueva religión lograba imponer en el mundo su fanática ortodoxia, legiones de pensadores se sumirían en el olvido, pero aquellos dos permanecerían como ejemplos de las ironías a las que tan aficionada es la historia.

Teón bajó a la planta baja para echar a la librería un último vistazo. Tan sólo una rápida ojeada antes de reanudar su marcha. En las paredes laterales se apilaban las enciclopedias, los libros de historia y las obras de medicina divulgativa, en la que proliferaban un sinfín de escuelas que prometían a sus lectores la curación radical de todos los males que pudiesen aquejarles. Los libros de dietética se expandían como los de religión. La gran pared del fondo, la primera que divisaba el visitante, estaba dedicada a la literatura. Se componía de una pequeña sección de obras de poesía, otra algo mayor con dramas y comedias y el resto lo ocupaban las novelas. La producción de esa literatura de entretenimiento daba de comer a editores y libreros, pues el hambre de la gente por consumir ese tipo de libros parecía insaciable. La novela era incluso la fiel compañera del soldado en campaña. La guardaba en su petate, la leía y releía en sus escasos momentos libres, la intercambiaba quizá con algún compañero, y la metía al acostarse debajo del alijo de ropa que le servía de almohada.

También Teón había devorado de niño montones de novelas, incluso algunas que tenía que leer a escondidas del padre, para no escandalizarlo con sus gustos triviales. Pero después se había sumergido cada vez más en los estudios de las matemáticas y de la astronomía, se había apasionado por esas ciencias, y hoy en día rara era la ocasión en que leía una novela. Estuvo tentado de comprar alguna, hasta sacó un par de ellas de los estantes, pero luego se dijo que no tenía tiempo para esas distracciones, por lo que las colocó de nuevo y salió de la librería tras despedirse cariñosamente del armenio.

Ya en la vía Soma, fue plenamente consciente de que la visita a la librería le había producido una difusa congoja. Entregó el paquete de libros a un criado, se montó en su caballo y se dispuso a recorrer las doce millas que le separaban de la puerta de Mareotis. Al cruzar la avenida de Canopo divisó a su izquierda la mole gigantesca de la iglesia de San Alejandro, la catedral de Alejandría. Desde el cruce hasta la muralla, antes de salir por el umbral de la puerta de Mareotis, pasó por delante de treinta y siete iglesias, que jalonaban la avenida a derecha e izquierda.

Cuando al fin se encontró en campo abierto, divisó frente a él las aguas del lago, y a su izquierda, al fondo, a mitad de camino entre la puerta del Ostro y el canal marítimo, le saludó la imponente construcción del Serapeo, que se alzaba, majestuoso, en la cima de una colina. Todos los monarcas macedonios habían competido con sus antepasados para hacer que ese templo fuese cada vez más amplio, más bello, más lujoso. Los emperadores romanos no habían querido ser menos que los Lágidas y lo habían ampliado y enriquecido. Era, después del Capitolio romano, en lo que a boato y dimensiones se refiere, el edificio más formidable del Imperio. A Teón jamás le había parecido tan bello aquel templo, jamás se había sentido tan protegido por él. Y es que era algo más que un templo. Era una fortaleza formidable, rodeada de gruesos muros, emplazada a más de setenta metros de altura en la cima de un monte, en una cresta en la que hubiesen tenido holgada cabida dos estadios olímpicos colocados uno junto al otro. Doscientos peldaños tenía que subir el visitante que optase por la escalinata de mármol de la ladera oriental. Tanto por la parte norte como por la sur se subía a la cima por sendos caminos por los que podían transitar las grandes carretas tiradas por bueyes.

Seguido por sus sirvientes, cabalgó hasta el pie de la montaña, sintiendo en el rostro el frescor de la húmeda brisa que le enviaban, dándole la bienvenida, las aguas del lago Mareotis. Luego subió lentamente por la carretera de la ladera norte, la que enlazaba con el laberinto de callejuelas del cercano barrio de Racotis. Ya en lo alto, se apeó del caballo y se fue caminando hasta la terraza ajardinada.

Tras cruzar tres enormes pórticos, llegó a un patio por el que se accedía a las dependencias del templo. Los muros y el suelo eran de mármol, y las paredes estaban recubiertas de láminas de marfil, plata y bronce. Delante del templo se alzaba una estatua gigantesca de Serapis, hecha de madera de cedro aromático y recubierta de oro y marfil. El dios tenía los brazos extendidos y alcanzaba con las yemas de los dedos los dos costados del templo. Empuñaba un cetro en la mano izquierda, y en su diestra sostenía una enorme estatua de Cerbero, el guardián de los infiernos, representado en la figura de un perro con cola de dragón y tres cabezas, una de león, otra de perro y otra de lobo. Una serpiente pitón le rodeaba el cuerpo.

Teón se quedó contemplando pensativo la gigantesca estatua de Serapis, que ahora le hacía sentirse como una diminuta hormiga del desierto. Aquel dios, que había iniciado su andadura como una deidad estatal y dinástica y que apenas había contado con un puñado de fieles, todos macedonios, había logrado convertirse en la figura suprema del panteón de los dioses, en el dios universal cuyo culto se extendió por todo el Mediterráneo y luego se expandió, acompañando a las legiones romanas, hasta las remotas tierras de Britania y Germania. Se decía, y esto era algo en que creía a pie juntillas el pueblo, que si algún día fuese destruido el Serapeo, aquello significaría el fin del mundo, el advenimiento del caos y el hundimiento del cielo, que se desplomaría sobre la tierra.

A la entrada del templo, junto a la puerta, había desde hacía muchos años, hasta desde los tiempos de Herón, un expendedor de agua consagrada. Los fieles introducían una moneda de cinco dracmas por una ranura y recibían a cambio en las palmas de las manos un chorro de agua para sus abluciones. El armatoste parecía un arcón colocado de canto, y aunque sus constructores se habían esmerado en embellecerlo, recubriendo la madera con chapas primorosamente labradas de oro y plata, lo cierto era que desentonaba. Era como una nota discordante en un concierto, pero los sacerdotes estaban muy orgullosos de poder exhibir ese prodigio de la técnica y a nadie se le hubiese ocurrido quitarlo de allí por razones estéticas.

Teón había visitado el templo en algunas ocasiones y se había sentido literalmente aplastado por el lujo y la magnificencia de sus estatuas, de sus mausoleos y de sus santuarios. Pero no era eso precisamente lo que determinaba la relación entre Teón y el Serapeo. En el Serapeo se encontraba la llamada Biblioteca Filial, fundada por el segundo de los Ptolomeos en el barrio de Racotis como complemento a la Biblioteca Matriz del Bruquio.

La biblioteca del Serapeo, enriquecida por los Lágidas y por los emperadores romanos, había heredado todo cuanto había podido salvarse de la gran Biblioteca Matriz. Ahora ocupaba una de las alas de las dependencias del Serapeo, donde se encontraban también los espaciosos salones en que los copistas trabajaban sin descanso para satisfacer la creciente demanda de libros. Las existencias de la biblioteca eran tales, que hubo que habilitar muchos de los aposentos del sótano para poder guardar lo que ya era imposible que cupiese en los estantes. Sólo un gran equipo de bibliotecarios experimentados hacía posible su buen funcionamiento. Los estudiosos llegados del extranjero se quedaban asombrados cuando los ujieres les colocaban sobre los pupitres las obras que prácticamente acababan de solicitar. Todos coincidían en afirmar que no había biblioteca que pudiera comparársele en todo el Imperio.

El Serapeo daba también cobijo a lo que fuera en sus tiempos el espléndido Museo de Alejandría. Ya no había grandes zonas residenciales, ni comedores para los investigadores, ni parques por los que se pudiera pasear a la orilla de lagos artificiales, ni floridos jardines, ni un parque zoológico, ni laboratorios y salas de disección, ni grandes edificios con amplias salas de conferencias y cómodos gabinetes de trabajo. Ahora los miembros del Museo tenían que conformarse con pequeños cuartuchos en los que apenas cabían una mesa y una estantería, con saloncitos que se abarrotaban de jóvenes ávidos de aprender, pues ahora los eruditos del Museo tenían que impartir clases para poder mantener a sus familias y contribuir a sufragar los gastos de su institución. Se lograban mantener con sus publicaciones y con los honorarios que cobraban a las empresas constructoras e industriales en concepto de cálculos de todo tipo, de inventos y de asesoramiento. Y los sacerdotes de Serapis los ayudaban en lo que podían, dándoles albergue y socorriéndolos de vez en cuando con algunas cantidades de dinero de las subvenciones que el fisco todavía seguía pasándoles. No eran ya la institución mimada de los monarcas alejandrinos y de los antiguos emperadores romanos, pero seguían existiendo, seguían trabajando, y eran los representantes del único centro de investigaciones científicas que operaba en todo el Imperio. Él, Teón, era su director. No había otra cosa en el mundo que le llenase de tanto orgullo.

Se pasó unas horas recorriendo los aposentos del Museo, llamando a todas las puertas, entrando a los despachos con los brazos abiertos, exultante, eufórico, mientras recibía abrazos y congratulaciones, dando la noticia en voz muy alta, quizá con la intención de que le oyeran desde los aposentos contiguos y acudieran a felicitarle antes de que él tuviese que dirigirse hacia ellos. Y a todos contó lo increíblemente bella que era su hija. Los colegas de Teón, sobre todo los astrónomos y los matemáticos, se pusieron a hablar de la niña y acabaron haciendo cábalas sobre su futuro. ¿Destacaría también en las matemáticas o saldría a la madre y se dedicaría a la música y a la poesía? Quizá seguiría un camino propio y se convertiría en una historiadora o en una geógrafa. ¿Cuándo la verían de catedrática en el Museo? Al final tuvieron que reírse de sí mismos, al percatarse de que estaban haciendo planes para un ser que ni siquiera sabía gatear, pero Teón se sorprendió al descubrir que le mortificaba la idea de que su hija no llegase a interesarse por la reina de las disciplinas y optase quizá por consagrar sus esfuerzos a cualquier otra actividad. Se dijo que haría todo lo posible por que su pequeña Hypatia descubriese el maravilloso mundo de las ciencias exactas.

Cuando salió a la explanada del Serapeo, a eso del atardecer, rodeó a paso lento el edificio y se detuvo en un pequeño balcón construido sobre una roca que sobresalía en la parte norte de la montaña. Recorrió con la mirada la línea del horizonte y divisó a lo lejos, en los confines orientales del mar, el rojizo resplandor de la ciudad costera de Canopo. Trató de recordar cuándo había sido la última vez que había estado allí. Habrían transcurrido ya muchos años. Había sido el lugar preferido para sus correrías de juventud. Cada vez que podía, se escapaba a Canopo. Y volvía siempre con los cabellos enmarañados, los ojos teñidos de sangre, el aliento oliéndole a una mezcla agria de vino y cerveza, y las ropas perfumadas con esos aromas intensos que delatan las visitas a los lupanares. El padre no le decía nada, se limitaba a esbozar una sonrisita enigmática, pero un buen día, con expresión y mirada nostálgicas, le habló de la Canopo que él había conocido en tiempos del emperador Galerio, cuando aún faltaban más de tres lustros para las reformas moralizantes de Constantino I. Por las noches toda la costa se iluminaba con las luces de los salones de baile, de los bares y de los restaurantes, y de todos los locales salía el estruendo de las orquestas que competían entre sí por atraer con sus melodías a los jóvenes ávidos de diversión. En las terrazas de las tabernas se servían los platos más exquisitos de la cocina de todos los pueblos del Mediterráneo. Allí se bebía la mejor cerveza y los mejores vinos. Allí se veía a mujeres que hacían que los hombres perdieran el sentido. El trajín no cesaba ni de noche ni de día. Si uno se paseaba por la mañana temprano por la costa, veía por doquier a jóvenes de ambos sexos deambulando por la orilla, canturreando, chapoteando en el mar con los pies desnudos, dando un último paseo antes de sentarse en alguna de las terrazas a desayunar pastelillos de miel y una infusión de menta, bien cargada, para reanimarse. Algunos querían despejarse para proseguir la juerga, otros para cobrar fuerzas y poder llegar hasta sus casas o hasta sus hoteles, donde caerían en la cama y se pasarían el día durmiendo con el fin de disfrutar con mayor intensidad la noche que les esperaba.

Desde los tiempos de los Ptolomeos no había habido un lugar como ése en todo el Mediterráneo. Los romanos habían querido imitarlo con su ciudad de Baia, en la costa del golfo de Nápoles, pero todo joven aristócrata que hubiese pasado unas vacaciones en Canopo se convertía en el foco de atención, en la persona que despertaba envidias y que era acribillada a preguntas por sus amigos, pues no había nadie que no desease disfrutar de los encantos de ese gran centro de diversión. Se podía salir de un concierto para asistir a una representación de teatro, se podía admirar a las bailarinas gaditanas y asistir después a una romería dionisíaca. Canopo tenía los templos más bellos, las mejores pinacotecas, las galerías de arte con las esculturas de los mejores maestros. La ciudad era un regalo para la vista, para todos los sentidos. Haber estado en Canopo significaba haberse remontado al Olimpo y haber participado de la ambrosía y del néctar de los dioses. En los cortejos que se celebraban en honor a Dionisio uno podía pasarse horas enteras contemplando el desfile interminable de los Silenos y de los Sátiros, vestidos de púrpura y oro, de las doncellas cubiertas de túnicas transparentes, de quienes se disfrazaban de seres fantásticos y representaban a las deidades de todos los pueblos, de los elefantes engalanados, de las amazonas a caballo, con sus escudos embrazados, agitando sus lanzas y bamboleando sus desnudos pechos, de las carretas que llevaban esculturas de cartón pintado con escenas sacadas de los poemas de Homero, de músicos y bailarines, de sacerdotes y guerreros. Canopo atraía a todos por igual, pues igual daba que quisieran entregarse a los placeres terrenales como que los moviera el fervor religioso.

Teón se dio media vuelta para contemplar a su izquierda el mar de azoteas del barrio de Racotis. Al fondo, alargando la ciudad hacia las arenas de la Cirenaica, divisó el laberinto de chozas y callejas del suburbio de Ennaton.

Ennaton no era una prolongación de Alejandría hacia el desierto, sino el desierto invadiendo Alejandría. La plaga de órdenes religiosas que se había extendido por todo Egipto se acercaba cada vez más a la ciudad. Tan sólo en el suburbio de Ennaton se contabilizaban más de seiscientos conventos de monjas y monjes. Teón experimentó de nuevo el mismo escalofrío que había sentido en la torre. ¿Treparían algún día esos hombres del desierto por las laderas de la montaña, dispuestos a destruir el Serapeo? ¿Osarían profanar el templo más sagrado del helenismo? En esos momentos le hubiese gustado tener fe en los dioses y creer junto con su pueblo que el dios Serapis no podría ser destruido jamás, porque entonces el universo se convertiría en caos y los cielos se desplomarían sobre las cabezas de los hombres.

Pensó en regresar inmediatamente a casa, pero recordó entonces que había pensado en comprar algunos productos de España a su esposa, así que volvió a la zona del puerto y se dirigió a los grandes almacenes que colindaban con los astilleros. Tras preguntar a un par de empleados, logró dar con el mayorista que había adquirido los jamones y las conservas de pescado. Realizó sus compras y luego deambuló un rato por entre los puestos de los vendedores al por menor, que se agolpaban en la entrada. Se detuvo delante de un hombrecillo que ofrecía especias y toda suerte de hierbas. Desde niño le había gustado acercarse a esos vendedores y aspirar a pleno pulmón la infinidad de aromas que exhalaban sus productos. En medio de unos recipientes llenos de pimienta, de mirra y de canela, dispuestas sobre unas hojas de palma, vio unas pequeñas vasijas de barro, de color anaranjado y con forma de cápsulas de adormidera. Las conocía perfectamente: venían de Chipre y estaban llenas de opio. Compró una. Esa noche llenaría su pipa de marfil y se la fumaría lentamente, con la mirada fija en las estrellas.

El sol iniciaba su ocaso y extendía su juego cromático por encima de las aguas del Mare Nostrum, repitiendo un espectáculo que parecía no cansar jamás. Le gustaba pasear a esas horas por el puerto, en esos momentos de excitación que anuncian la noche. Cogió a su caballo de las riendas y le hizo señas a sus criados para que le siguiesen a pie. Pasó por delante del Emporio, la Bolsa de Alejandría, y se detuvo frente al Cesareo.

El Cesareo le impresionaría siempre. Cleopatra VII había ordenado erigirlo para honrar la memoria de su asesinado amante, y finalmente acabaría siendo la sede de la universidad romana. Era el símbolo del poder romano, de su grandeza militar y cultural. Por eso los jerarcas nazarenos habían ejercido presión sobre Constantino para que permitiera hacer de ese símbolo una iglesia. Y por eso era el único antiguo templo que no había cambiado de nombre. Era ahora una iglesia cristiana, pero seguía llamándose el Cesareo.

Al mirar a lo alto del Cesareo, donde ahora se había colocado un campanario, divisó, recortada sobre la superficie rojiza del cielo, la silueta de un cuervo. El ave se había posado sobre un saliente y parecía escudriñarle desde arriba, retándole a que adivinase la dirección que elegiría cuando emprendiese el vuelo.

Teón lo observó fijamente, sin atreverse a hacer el menor movimiento, tensando los músculos del cuello para mantener su postura rígida, que no se atrevió a cambiar incluso cuando sintió un dolor que partía de la nuca y le recorría la espalda. Aquella ave del infierno no parecía tener la más mínima intención de desplazarse. Al fin, tras una eternidad, el cuervo batió las alas y puso rumbo hacia el Poniente, hacia los remotos lugares por los que moría el sol y nacían las tinieblas. Teón se quedó perplejo, incluso temeroso. Saltó al lomo de su caballo y partió a galope tendido hacia su casa.

Cuando momentos después subía de dos en dos los peldaños de la escalera de madera, en la que retumbaban los golpes de sus sandalias de cuero, una de las criadas, que bajaba en esos momentos de la segunda planta, se llevó el índice a los labios y le comunicó entre susurros que la niña dormía. Abrió sigilosamente la puerta del dormitorio y se deslizó en el aposento, caminando de puntillas para acercarse a la cama. A la luz crepuscular que entraba por una ventana pudo distinguir nítidamente a su hija, con la cabecita hundida entre los pechos de la madre, que la rodeaba con sus brazos, pero casi sin rozarla, como si tuviese miedo de aplastar con su amor a aquella criatura que todavía le parecía un ser irreal, el producto de un sueño del que podía despertar. Su esposa le dirigió una sonrisa, pero en sus ojos creyó advertir una mirada de reproche. La había dejado demasiado tiempo sola.

PARTE SEGUNDA

La gran pira

CAPÍTULO IV

La columna vencida

Sentado sobre una piedra, Teón contemplaba pensativo a su hija. La niña estaba en cuclillas y miraba fijamente una raya trazada en el suelo a la espera del momento en que fuese alcanzada por la sombra que arrojaba el bastón que su padre había clavado en la tierra. Sabía que la altura del bastón era de siete pies, una longitud exactamente igual a la de la distancia que había entre el bastón y la raya. Las había medido varias veces. Ahora sólo tenía que determinar el instante en que sombra y bastón tuviesen longitudes idénticas y formasen un triángulo recto con dos ángulos iguales, ambos de cuarenta y cinco grados. Los rayos del sol caerían entonces formando ese ángulo, que incidiría por igual en todos los objetos, por lo que sus sombras serían exactamente iguales a sus respectivas alturas. Sólo le quedaría correr a marcar el límite de la sombra proyectada por la columna de Diocleciano y medir luego la distancia que había entre el vértice de la sombra y la base de la columna. Sabría entonces cuál era la altura del monumento. Se lo había explicado el padre y le había parecido muy fácil. Estaba entusiasmada. Había sido una idea maravillosa venir a pasar la mañana a la explanada del Serapeo cuando ya pensaba que tendría que quedarse recluida en casa porque todos decían que hacía demasiado calor para salir a pasear en ese tórrido día de verano. Le excitaba además pensar que estaban aplicando el mismo método que había utilizado hacía ya casi mil años en suelo egipcio Tales de Mileto para determinar las alturas de las pirámides. El busto de aquel anciano venerable era lo primero que veía siempre que entraba al despacho del padre, pues lo tenía colocado sobre su escritorio, junto a un bellísimo cuaderno de verdes tapas de cuero y hojas de papel Claudio, sujetas con unas cintas de seda roja y llenas de anotaciones misteriosas. Mientras contemplaba el avance de la sombra trataba de imaginarse físicamente una magnitud equivalente a un millar de años. Representaría su edad multiplicada por ciento veinticinco. Era algo que le producía vértigo.

Teón tuvo que entornar los párpados para poder observar con detenimiento los destellos de oro que arrancaba el sol a los rubios cabellos de su hija. Le encantaba cuando le dejaban el pelo suelto, con esa preciosa melena cayéndole por la espalda. Qué grande se le antojaba su pequeña Hypatia, cuánto había crecido. Ya no era la niña que andaba a gatas por toda la casa y era capaz de pasarse horas enteras ante la puerta de su despacho cuando él estaba trabajando y no podía hacerle caso.

Hypatia tardaría mucho en empezar a hablar, pero cuando lo hizo, pareció que lo hacía con ganas contenidas, como si quisiera recuperar el tiempo perdido. Había resultado ser una parlanchina, no cesaba de hablar, pero tanto a él como a su mujer los entretenía mucho y en numerosas ocasiones los hacía estallar en carcajadas; a veces a su esposa se le saltaban las lágrimas de tanto reír. Y ahora iba a cumplir los ocho años y medio, pronto tendría nueve, y el día menos pensado se vería como un anciano abuelo. Cosa curiosa era el tiempo, que jamás era igual para todos, ni igual tampoco para la misma persona a lo largo de la vida. Cuán lentamente había pasado en los años de sus correrías por la ciudad de Canopo. Cuán eterno era cuando fue niño. Cuán veloz ahora. ¿Cómo sería cuando fuese abuelo? Se extrañó de haberse sumido en esa clase de reflexiones y advirtió entonces que quizá le asustase la idea de que en menos de tres semanas cumpliría los cincuenta años.

Haría mejor en dedicarse a pensar en su pequeña Hypatia. Descubrir el gran talento que tenía su hija para las matemáticas fue una magnífica sorpresa. Supo entonces que la niña seguiría sus pasos. No lo supo por su gran habilidad a la hora de manejar el ábaco para hacer operaciones de aritmética, arte en que no la igualaba ningún niño de su edad, ni por la rapidez que demostraba al entender los pasos de complejas demostraciones matemáticas, ni por su extraordinaria retentiva, que le permitía aprenderse de memoria complicadas fórmulas. No; todo eso estaba también al alcance de cualquier niño inteligente. Él sabía que el talento matemático consistía en entender el mundo en su lógica interna, en hacer abstracción de todo lo superfluo y ver sólo aquello que pudiese ser razonado con un sistema axiomático de pensamiento. El punto no existía más que en la imaginación humana, al igual que la línea y el círculo. En la naturaleza no había puntos, ni líneas, ni círculos. Cuando el matemático empuñaba su vara de junco y trazaba figuras geométricas sobre la arena, éstas eran toscas; los puntos, de los que se suponía que eran un algo que carecía de partes, podían representar un anfiteatro para una hormiga; y las líneas jamás eran rectas. Los ojos del matemático convertían esos anfiteatros y esas accidentadas carreteras en puntos y rectas. Su hija tenía la capacidad de ver un caballo no como un caballo, sino como un punto matemático, o como un círculo perfecto o como un cuadrado, como una figura de cuatro lados iguales, cuyas diagonales dejan al cortarse cuatro segmentos idénticos. Pues sólo así podía el matemático operar con el caballo. Cosas superfluas eran el color de sus crines, el tamaño de sus patas, el que relinchara o enmudeciera; superfluo también que tuviese volumen o no, a menos de que se estuviese operando con poliedros, en cuyo caso el caballo sería un tetraedro o un equisaedro, pero nunca un caballo concreto. Y eso era algo que no había tenido necesidad de explicar a su hija, pues la niña entendía el mundo de esa manera, como sólo puede entenderlo un matemático. Había llegado al convencimiento de que su Hypatia no sólo seguiría sus pasos, sino que le superaría.

El mismo Pappo se había quedado maravillado ante las dotes de la niña. A los tres años había aprendido a leer; a los cuatro leía y escribía perfectamente el griego y el latín. A los cinco recitaba estrofas enteras de la *Odisea* y tocaba la flauta con un arte que era la admiración de cuantos los visitaban. Creyó entonces que la niña había salido a la madre, que se dedicaría a la música, a la literatura o a la pintura. Pero un buen día tuvo la idea de empezar a enseñarle matemáticas. En realidad, la idea no había sido de él, sino de su maestro, de Pappo, quien le había dicho que si quería que su hija supiese matemáticas, ya podía empezar a enseñárselas, pues jamás las aprendería en la escuela entre tanto asno que se hacía pasar por maestro.

Su esposa decía de la niña que era terca como una mula, pero en realidad era tenaz, increíblemente perseverante en todo lo que hacía. Ahí estaba, inmóvil, siguiendo con la mirada el avance imperceptible de la sombra, pese a que le había dicho que aún habrían de pasar un par de horas antes de que la sombra llegase hasta la raya. Era obsesiva, y seguramente tendría miedo de perderse ese instante en que sombra y vara formasen un triángulo isósceles. No se movería de allí hasta que eso ocurriera.

Contemplando la inmovilidad de su hija, él mismo permaneció inmóvil, sentado en la piedra como si se hubiese quedado allí petrificado, sumiéndose cada vez más en sus ensoñaciones. Hasta que los gritos de la niña, que lo llamaba con su aguda voz de soprano, le sobresaltaron, haciendo que se pusiese en pie de un brinco y corriese como si en ello le fuese la vida hasta donde se encontraba su hija. Tuvo que seguir corriendo detrás de ella, pues la pequeña Hypatia había salido disparada, empuñando un punzón, para ir a marcar en el suelo el punto que alcanzaba ahora la sombra del monumento a Diocleciano. La niña trazó una raya en la tierra, le miró con expresión de orgullo y fue a recoger el odómetro que el padre había dejado, olvidado, junto a la roca en que había estado sentado.

La niña midió con el odómetro la longitud de la sombra y anunció el resultado al padre: faltaban exactamente ocho pies y una pulgada para completar el pletro. Teón se quedó boquiabierto y admirado: la medición era precisa, como hubiese podido hacerla el mejor de sus discípulos.

La niña alzaba la vista para contemplar la columna, recorría luego con la mirada la sombra, se daba media vuelta para ver el palo, volvía el rostro hacia el monumento y le parecía que ahora sabía muchísimo más sobre esa columna de todo cuanto había sabido hasta esa mañana. Ahora sabía que tenía veintisiete metros de altura, no que era simplemente alta o altísima, o que tenía que alzar mucho la cabeza para poder divisar su cúspide. Podía decir algo concreto sobre ella; en cierto modo, se había apoderado de la columna, que ahora se convertía en algo abstracto, en un método que le permitiría medir lo que quisiera. Ahora podía determinar la altura de su casa y la del faro de Alejandría. Para la pequeña Hypatia, aquel monumento a Diocleciano jamás volvería a ser el mismo.

Cuando emprendieron el camino de vuelta a casa, con la pequeña Hypatia sentada a horcajadas en la grupa del caballo y aferrada con ambos brazos a la cintura del padre, Teón accedió a los ruegos de la hija de bajar por la vertiente sur para disfrutar de la vista del lago. El camino era algo más largo, pero merecía la pena.

Durante el descenso se podía abarcar con la mirada el Estadio, emplazado entre la falda sur de la montaña y el canal de Canopo. Con la llegada de los conquistadores romanos, habían ido cayendo en el olvido las competiciones atléticas, que dieron paso a los combates de gladiadores y a una afición creciente por las carreras de carros. En las plazas, en los parques y en las tabernas no se hablaba de otra cosa. Los aurigas parecían ser los mayores héroes de la humanidad y las personas estaban dispuestas incluso a llegar a las manos a la hora de defender a su equipo favorito. Cada vez que competían los Verdes contra los Azules había que reforzar las fuerzas de orden público, porque los partidarios de ambos equipos se peleaban entre sí, los unos enfurecidos por haber perdido, los otros eufóricos por haber ganado, todos deseosos de destrozar algo para dar rienda suelta a sus energías contenidas durante el espectáculo. En los días de carreras el vocerío de la multitud retumbaba por toda Alejandría y el clamor llegaba incluso hasta su misma casa como un aullido lejano de hienas enfurecidas.

Teón se fijó en que la palestra aún seguía llena de tiendas de campaña. Parecía un hormiguero humano. Por doquier se divisaban pequeñas fogatas donde se preparaban los alimentos. Allí se apelotonaban las personas que habían perdido sus hogares. Dieciocho días habían transcurrido desde la gran tragedia que asolara Alejandría. Las autoridades habían declarado aquel terrible 24 de julio como día funesto. Fue el día en que el Mare Nostrum enloqueció y decidió arrasar las costas. Las aguas se retiraron de repente, dejando al descubierto paisajes nunca vistos, pero lo hicieron para lanzar con más fuerza su rabia destructora. Había sido espantoso. La Tierra había rugido en sus entrañas, había habido temblores y luego aquel devastador maremoto. Jamás olvidaría la expresión de terror de su hija cuando la casa empezó a moverse y los muros amenazaron con derrumbarse. Se abrazó a él, temblando de miedo. No sabía qué decirle para serenarla. Le explicó que no era más que un terremoto pasajero. Y tuvo razón: el temblor de tierra duró sólo unos instantes, pero tras el terremoto llegaron las aguas, con una avanzadilla de olas gigantescas. Ellos tuvieron suerte, pues su barrio quedó protegido por los malecones del puerto Magno, pero las barriadas de los suburbios costeros quedaron cubiertas por el mar y más de cincuenta mil personas se quedaron sin techo. Esa noche y las que siguieron su hija se había negado a dormir sola en su cuarto. Ahora la niña ya no hablaba de ello, pero él creía que le había dejado un recuerdo traumático. Por eso se había alegrado tanto al verla brincar y dar palmadas.

Poco después, cuando padre e hija entraron a caballo en la ciudad, seguidos por sus tres criados favoritos y las dos doncellas que cuidaban de la pequeña Hypatia, Teón empezó a fijarse en las numerosas personas que se detenían al paso de la comitiva o que volvían la cabeza para contemplar a Hypatia. Aunque ya estaba acostumbrado a que la belleza de la niña fuese despertando la atención por todas partes y a que todos se fijasen en ella, ese hecho tantas veces comprobado no dejaba de llenarle de orgullo. Acostumbrado estaba igualmente a que la gente piropease a su hija, pero cada vez que regresaba a casa, después de haber dado un paseo con la pequeña, hablaba con su esposa de los requiebros particularmente ingeniosos que había oído ese día.

De repente la niña se puso a cantar. Teón sabía que cantaba siempre que se sentía agradecida por algo y quería hacerle un regalo. Le hacía entonces el regalo de su voz. Tenía una voz muy melodiosa y Teón disfrutaba mucho al oírla. Entonó una tonadilla cuya letra había improvisado ella misma cuando apenas contaba tres años de edad y él la llevaba a horcajadas sobre sus hombros. Recordaba que había sido durante un paseo por el Paneo. Le había comprado un cucurucho de galletitas de chufa, una típica golosina egipcia, hecha de harina de chufa amasada con agua, trocitos de dátiles y miel; esa masa se freía luego en aceite de oliva y se comía cuando aún estaba caliente. El delicioso sabor de aquellas galletas le recordaba siempre su propia niñez. Le dijo que él era un caballo y que necesitaba alimentarse para poder correr. La niña empezó a meterle galletas en la boca, una tras otra, y él había acabado comiéndose el cucurucho entero. Tuvo que volver sobre sus pasos a comprarle otro.

Ahí, al parque consagrado al dios Pan, decidieron volver ahora, pues no había sitio mejor en Alejandría para pasar las primeras horas de la tarde, ni siquiera en el jardín de la casa, bajo el plátano y los emparrados, al frescor de la fuente.

Teón dejó los caballos al cuidado de los criados en el último rellano que había antes de alcanzar la cima del montículo que albergaba el parque y emprendió el camino de subida junto con su hija. Pasaron por delante de la entrada a la gruta del dios Pan y ascendieron por una escalera en espiral hasta el belvedere en cuyo centro se alzaba el remate de aquella piña monumental. Alejandría se extendía ahora a sus pies. Inmerso en el parque dedicado al dios de la Naturaleza y teniendo a sus pies la Palestra y el Gimnasio, sede de la universidad alejandrina, Teón sintió una euforia infinita y el convencimiento de que su mundo, el mundo del pensamiento heleno, gozaba de la inmortalidad divina. Era parte inseparable del Cosmos, de ese término ideado por los jonios para designar el Universo, en sus acepciones de «adorno» y «orden», pues el orbe tenía que ser por igual bello y armonioso.

Se sentó en un banco junto con su hija, a la sombra de un pequeño sauce, extendió una pierna para alisar con la planta del pie la arena rosada que cubría el suelo, y se puso a dibujar en ella algunas figuras geométricas con la caña de papiro que siempre llevaba consigo. En esos momentos se sentía tremendamente orgulloso de su ascendencia griega y de tener a su lado a un ser que parecía la encarnación infantil de Palas Atenea.

Repasó con su hija una vez más los aspectos teóricos de la medición de la columna de Diocleciano, le dijo que sí, que irían juntos a la isla de Faros a determinar la altura del faro y se puso a explicarle por qué todos coincidían en referirse a Tales como al mayor de los Siete Sabios y por qué todos lo consideraban el padre de la geometría griega y el primer heleno que había investigado las estrellas. Tales había venido a Egipto a aprender matemáticas y había viajado hasta Babilonia para estudiar astronomía. De hecho había empezado a hacerse famoso en su ciudad cuando predijo un eclipse solar. Había sido el 28 de mayo de hacía exactamente novecientos sesenta y cinco años. Teón sabía lo que eso significaba, pues su propia fama había comenzado cuando predijo la fecha y hora exactas de unos eclipses de Sol y de Luna, cuando tenía unos treinta y tantos años. Pero él, al igual que Tales, no podía realmente «predecir» tales fenómenos. Lo único que podía hacer era llevar un registro de los eclipses solares y lunares y calcular su periodicidad, ya que se trataba de fenómenos repetitivos que se sucedían a intervalos regulares, al igual que la puesta del sol, con la diferencia de que tardaban un poquito más. Cuando regresasen a casa enseñaría a su hija el cuaderno en que llevaba el registro de los eclipses en cielo alejandrino.

Lo único que pudo hacer Tales para predecir el eclipse fue utilizar una tabla de los astrónomos babilónicos. De ellos había sido el mérito. Pero Tales no se había limitado a cotejar unos datos pacientemente acumulados, sino que quiso establecer una mecánica que los explicase de un modo convincente. Aventuró entonces la hipótesis de que el eclipse solar se producía cuando la Luna se interponía entre la Tierra y el Sol. Nadie antes que él había afirmado tal cosa, nadie había tratado de explicar los eclipses por causas que radicasen en la misma naturaleza. Si los sacerdotes egipcios y caldeos lo sabían, jamás lo dijeron, pues su poder sólo podía sustentarse en causas sobrenaturales, y el saber, cuanto más oculto y misterioso fuera, tanto más poder confería.

Tales había sido también el primero en decir que la Luna estaba iluminada por el Sol y que las estrellas no eran más que prosaicas masas de tierra en ignición. Esta idea se le ocurriría probablemente al observar los meteoritos que caían del cielo. Aquella física astral tuvo que parecer un sacrilegio a babilonios y egipcios, pero Tales se movía en las ciudades librepensadoras de Jonia, donde las gentes estaban habituadas a discutir todas las opiniones y a tomar decisiones por mayoría. Tuvo la inmensa suerte de formar parte de una sociedad tolerante y democrática, en la que todas las ideas tenían cabida. De haber vivido en la mojigata Atenas anterior a Pericles le habría ocurrido lo mismo que le pasaría al jonio Anaxágoras un siglo después, cuando fue desterrado de la ciudad tras haber sido acusado de *impiedad irreverente* por haber afirmado que el Sol no era más que una piedra ardiente del tamaño del Peloponeso. ¿Quién no sabía que los astros eran dioses? Afortunadamente, encontró refugio en su ciudad natal. Aquello sucedía por el 540 antes de nuestra era. Jonia seguía siendo el asilo de quienes tenían la osadía de pensar.

Sus compatriotas ni siquiera se escandalizaron cuando afirmó que los terremotos no tenían su causa en el tridente de Poseidón, sino que ocurrían cuando se movían las aguas sobre las que flotaba nuestro planeta y entonces la Tierra se bamboleaba como un buque azotado por las olas. Y es que para Tales la Tierra era como un leño sostenido por el agua.

Podía parecer absurdo lo de la Tierra como un madero sobre las aguas, pero lo importante era que se trataba de una afirmación verificable, que se podía comprobar o refutar. Para uno de los discípulos de Tales, Anaximandro de Mileto, la Tierra sería una masa redonda que flotaba en el aire, en el centro mismo del universo. Mientras su maestro se había quedado con su geometría en la tierra, midiendo alturas de pirámides y calculando las distancias a que los barcos estaban de la costa, él había elevado esa ciencia a los cielos y se había aventurado por las regiones de lo infinito, y nada tenía eso que ver con que siguiese respetando y venerando a su maestro: todo se podía discutir en Mileto.

En la patria de los sacerdotes y los faraones el enfoque había sido distinto. Desde tiempos inmemoriales el viejo Egipto había vivido de las inundaciones del Nilo, que traían el fértil limo a sus tierras y hacían posible las cosechas. Todos los años, con el solsticio de verano, crecía el Nilo por un período de un centenar de días. La vida de los egipcios dependía de esas crecidas. Era Khnum, el dios de las tres fuentes del Nilo localizadas en la primera catarata, el *Señor de las Frías Aguas*, la divinidad con cabeza de carnero y unos cuernos muy largos, quien traía las inundaciones. Era Khnum y basta, sólo se podía discutir sobre la longitud de sus cuernos.

Tales pensó que los etesios, los vientos que en el verano soplaban del noreste provenientes del Egeo, empujaban hacia el interior del país a las aguas del río, las contenían y ocasionaban las inundaciones. Un fenómeno que se daba con rigurosa periodicidad, el de los etesios en pleno verano, explicaba así otro fenómeno periódico, el de las inundaciones del Nilo. La explicación era natural y verificable. Daba igual que estuviese en lo cierto o no. Su discípulo Anaximandro aventuraría después la hipótesis de que las crecidas del Nilo se producían cuando con la llegada de los calores del verano se derretían las grandes masas de nieve que cubrían las montañas en las que nacería el río. Anaximandro jamás vio esas montañas, que se imaginaría más allá de los confines de Nubia, pero predijo su existencia.

La importancia de aquellas teorías sobre las causas de las crecidas del Nilo no radicaba en que fuesen verdaderas o falsas, sino en que representaban algo completamente nuevo en la historia de la humanidad: surgía el debate científico y la nueva generación de pensadores buscaba el saber por el saber mismo. Demócrito expresaría esa nueva actitud del ser humano ante los fenómenos de la naturaleza al exclamar: «Descubrir en toda mi vida una sola explicación causal sería para mí más satisfactorio que convertirme en rey de Persia». Había nacido el interés por el conocimiento como un fin en sí mismo y también como camino hacia la libertad. E igualmente importante: había nacido el pensamiento racional. La enorme transcendencia que ese alumbramiento tuvo para la humanidad convertía en insignificantes episodios históricos las odiseas de un Alejandro Magno y las conquistas de un Julio César.

Cuando Tales observó el eclipse que se había producido según sus cálculos, tuvo que entusiasmarse al descubrir que en la naturaleza había leyes que la regían. Trataría entonces de encontrar las armonías inherentes a esas leyes, sus relaciones y sus proporcionalidades. Sería así como inventó la geometría.

Con las crecidas del Nilo se borraban los límites de los campos, por lo que había que medirlos de nuevo y establecer sus viejos lindes, entre otras cosas para calcular el monto de los impuestos. No sólo había que resolver esos problemas, sino también los que arrojaban la industria, el comercio, la agricultura, la arquitectura y la administración pública. Los matemáticos egipcios, al amparo de los templos al igual que los caldeos, habían desarrollado una serie de fórmulas para resolverlos. Los babilonios sabían que la superficie de un círculo era igual al cuadrado de su radio multiplicado por tres; los egipcios lo multiplicaban, con mayor precisión, por tres coma dieciséis, pero ambos habían llegado a esos resultados mediante procedimientos empíricos, sin que jamás se les hubiese ocurrido buscarlos con el instrumento de la deducción lógica.

Sin embargo, a falta de un sistema axiomático en el que haya proposiciones que puedan ser demostradas, todo conocimiento matemático es imposible. Lo primero que hizo Tales fue demostrar lo que para todos parecía evidente y no requería demostración alguna: demostró que el diámetro de un círculo lo divide en dos partes iguales. Luego demostró que en todo triángulo que tuviese dos lados iguales, los ángulos que formaban con la base eran también iguales. Comprobó que en un cuadrilátero formado por cuatro lados iguales y cuatro ángulos rectos las diagonales se cortaban por la mitad y formaban en su intersección ángulos opuestos del mismo valor. Las matemáticas dejaban de ser una acumulación de conocimientos empíricos para convertirse en el instrumento que permitía someter a cálculo las leyes de la naturaleza. El entusiasmo de Tales al descubrir que el Cosmos se regía por reglas fijas que hacían posible la verificación y predicción de sus exteriorizaciones naturales fue tan contagioso, que lanzó a una legión de investigadores sobre sus pasos. Se había demostrado una vez más que todo cuanto los griegos tomaban de los bárbaros lo elaboraban y lo llevaban luego a límites insospechados de belleza y perfección.

Precisamente el hecho de que considerase las matemáticas como un sistema axiomático de validez universal fue lo que le permitió volver a Egipto a demostrar a los egipcios lo que podía hacerse con un instrumentario teórico que no estaba restringido a la solución de problemas prácticos. Les enseñó a calcular las alturas de las pirámides y a determinar la distancia que había entre dos barcos que navegasen en alta mar, así como las distancias que los separaban de la costa. A los patronos milesios, que hasta entonces sólo sabían orientarse de noche por la Osa Mayor, les enseñó a determinar sus rumbos mediante la observación de la Osa Menor y de la Estrella Polar, un astro más seguro y del cual se podía uno fiar. Llegó a escribir, en verso, un manual para navegantes. Pero su *Astronomía Náutica* hubiese sido imposible sin la base teórica en la que se sustentaba.

Hypatia, que no había dejado de dar vueltas a lo que le contaba el padre sobre las teorías acerca de las crecidas del Nilo, le preguntó entonces que por qué había personas que las atribuían a los caprichos de una divinidad. ¿Qué sentido tenía aquello? ¿Por qué no enviar una expedición que fuese a desvelar el misterio de las fuentes del Nilo?

Teón, sorprendido por la pregunta, al igual que le sorprendían muchas de las preguntas de su hija, permaneció un rato pensativo y aventuró finalmente una explicación.

La creencia en una divinidad tutelar, responsable de las crecidas del río, permitía a los seres humanos hacer algo si se veían confrontados con una calamidad natural, si el Nilo no crecía y la sequía los amenazaba con el hambre y la muerte. Podían orar, celebrar procesiones, realizar sacrificios, implorar al dios y tratar de sobornarlo con sus ofrendas. Se trataba de comprar a los dioses o despertar en ellos su compasión. No servía de nada, pero todos tenían la sensación de estar haciendo algo. Quizá fuese mejor creer en Khnum que cruzarse de brazos. Al menos como alivio y satisfacción personales.

A Hypatia se le ocurrió entonces que lo mejor sería saber exactamente si las nieves eran o no la causa de las crecidas del Nilo. Y si se supiese con certeza, el año en que el Nilo no inundase las tierras se podría ir hasta las montañas donde nacía, hacer grandes hogueras y derretir las masas de nieve.

Teón se quedó pensativo mirando a su hija. Borró luego con la suela de las sandalias las figuras que había dibujado en la arena y decidió internarse con la niña por los senderos que se adentraban en las terrazas de aquella piña descomunal y por los que se podía ir descendiendo hasta la avenida.

Cogidos de la mano, padre e hija abandonaron lentamente el belvedere y bajaron a la plataforma, donde Teón pidió a los criados que fuesen a esperarlos a la entrada del parque. Se sentía eufórico, la vida le sonreía y su mente volaba hacia islas paradisíacas, pobladas de cipreses y envueltas en fragancias de retama y tomillo. Se puso a hablar de Creta, de sus costas escarpadas y de sus montañas blancas, de su cultura ancestral, de su gran esplendor cuando unió sus fuerzas a las de Micenia, de la civilización que floreció en la Grecia meridional en un esfuerzo común de jonios, eolios y aqueos. Recorrer la costa de la Jonia continental, desde el norte hasta el sur, desde Esmirna a Mileto pasando por Éfeso, significaba partir de la patria de Homero, pasar por la de Heráclito y llegar a la cuna de lo más excelso del quehacer humano, a la patria de Tales y del auténtico saber humano. Como una Afrodita surgiendo de las aguas nació allí la ciencia. Al igual que la Penélope y el Odiseo de Homero, el ser humano se elevó entonces a la altura de Zeus, igualándolo en sabiduría, cosa que no sucedió en tierras de babilonios y egipcios, porque entre ellos el dogma se imponía al pensamiento, cuya libertad radica en el rechazo de toda creencia. Creer es renunciar a pensar.

Al salir a la avenida, Teón contempló con nostalgia la enorme fachada del Gimnasio. ¡Cuántos recuerdos le traía de sus años de estudiante! Allí se sentía uno griego, cosa nada despreciable en una época en que cada vez se sabía menos sobre la propia identidad. Pero griego en tanto que ciudadano del mundo. Sintió orgullo al pensar que las matemáticas que allí había aprendido las debía a aquel jonio de carácter endemoniado que contestaba a la pregunta de por qué no tenía niños diciendo que no los tenía precisamente porque los amaba, porque había sido fiel a su propio precepto de «conócete a ti mismo». ¿Quién se conocía hoy en día a sí mismo? Ni siquiera los mismos edificios. Ya no se construía como antaño, piedra sobre piedra, bloque de mármol sobre bloque de mármol; ahora se preparaba un encofrado con láminas de madera y se rellenaba con una mezcla de gravilla, arena y cemento. Se esperaba pacientemente unas tres semanas antes de quitar las tablas y aparecía de repente la mariposa salida de su crisálida. Ahora se lograban arcos y bóvedas de un gran atrevimiento, los pilares y las vigas parecían desafiar las leyes de la mecánica, los ricos se hacían construir palacetes suspendidos sobre las aguas del mar y del lago Mareotis, pero los edificios habían perdido su encanto. El hormigón expresaba el espíritu de los tiempos, en el que todo se amalgamaba, quizá para destruirse algún día.

Cuando se acercaban a la casa, advirtieron que en ella había visita. Numerosa, a juzgar por el número de carruajes y caballos que se agolpaban junto a la puerta. La cochera tendría que estar ya abarrotada; la caballeriza, llena. Teón tuvo un mal presentimiento, se acordó del funesto cuervo en lo alto del Cesareo y sintió que algo le oprimía el pecho. A grandes zancadas, seguido de su hija, que a duras penas podía mantenerle el paso, cruzó el vestíbulo y el patio, corrió por el pórtico y entró precipitadamente en la sala de estar.

Allí estaba su esposa, sentada en un sillón en medio de la sala, rodeada de mujeres y hombres que ocupaban todos los asientos disponibles de la casa o que caminaban de un lado a otro, dando muestras visibles de un gran nerviosismo. El anciano Pappo estaba sentado a su lado, hablando y gesticulando, mientras un criado esperaba pacientemente a que cogiese el vaso que le ofrecía en una bandeja. Pero nadie parecía escucharle, pues todos hablaban y gesticulaban al mismo tiempo. Teón tuvo la impresión de encontrarse en una asamblea de locos. Preguntó una y otra vez, alzó cada vez más la voz y al fin logró enterarse de lo que ocurría.

El día anterior, a las puertas de Adrianápolis, los bárbaros habían derrotado a las legiones romanas. La caballería y la infantería romanas habían sido arrolladas. Tan sólo se había salvado un tercio del ejército, que había huido en desbandada. Jamás habían sufrido los romanos una derrota igual desde la trágica batalla de Cannas. El fantasma de Aníbal parecía recorrer de nuevo los cielos, amenazando con lanzarse sobre los hombres como una tormenta. Y lo que era aún peor: el emperador Valente había muerto en la batalla. Se había repetido, ciento dieciocho años después, la catástrofe de Edesa, cuando Sapor I capturó al emperador Valeriano. El infeliz emperador moriría en una prisión persa, pero al menos había sido hecho prisionero por un rey poderoso. Valente había sucumbido ante una horda de bárbaros indisciplinados. El Imperio se desmoronaba. Era imposible predecir el futuro. Si caía Adrianápolis, pronto caerían Antioquía, Constantinopla y Alejandría.

Pappo alzó la voz, mandó callar a los presentes y auguró que no caería ciudad alguna, pues los bárbaros carecían de armas de asedio. Para tomar ciudades había que tener ingenieros, carpinteros, albañiles, armeros y cuerpos de zapadores. Acabarían retirándose, pero asolarían los campos y las aldeas que encontrasen a su paso. Se dirigirían con toda probabilidad hacia Occidente, pues precisamente venían huyendo del Oriente.

Hicieran lo que hiciesen, el mundo habría cambiado. La catástrofe se veía venir. No habían transcurrido catorce años desde que el emperador Joviano firmase aquella paz humillante con los persas que había marcado el colapso del poderío romano en el norte de Mesopotamia. Los bárbaros se habían envalentonado. Iniciaron entonces sus incursiones a lo largo de las fronteras norteñas del Rin y el Danubio. Partiendo de Tréveris, la capital del Imperio romano de Occidente, el emperador Valentiniano, el mejor general que había existido desde los tiempos de Diocleciano y Constantino, lanzaba sus exitosas campañas contra pictos y escoceses cerca del Muro de Adriano, contra los alamanes que amenazaban el Rin, contra los cuadi y los sármatas a lo largo del Danubio, y hasta en África derrotaba a las tribus del desierto. Valente, mientras tanto, pasaba la mayor parte de su tiempo en Oriente en intentos generalmente infructuosos por reprimir el creciente poder de Persia.

Todos tenían puesta la mirada en Valentiniano, quien prometía repetir las hazañas de Diocleciano y Constantino y acabar con todos los enemigos del Imperio. Quizá lo unificase de nuevo. Pero las debilidades del alma humana jugaron una mala pasada a los habitantes del Imperio. Hacía tan sólo tres años, cuando Valentiniano combatía en el Danubio a los cuadi y a los sármatas, el emperador se encolerizó tanto por la insolencia de los embajadores bárbaros que murió de un ataque de rabia. En Occidente le sucedió su hijo Graciano, de tan sólo ocho años de edad. Y para empeorar las cosas, los soldados impusieron como emperador al hermanastro de Graciano, a Valentiniano II, que no tenía más que cuatro. La falta de un buen caudillo militar, tanto en Tréveris como en Constantinopla, animó a los bárbaros a redoblar sus correrías. Desde hacía tres años las fronteras estaban amenazadas.

Los visitantes enmudecieron cuando la esposa de

Teón tomó la palabra y pronunció un discurso en el que parecía defender a los odiados bárbaros. Cuando terminó de hablar se produjo un silencio sepulcral, seguido de una infernal algarabía, pues todos gritaban para refutarla.

Desde los tiempos de Augusto, cuando éste, aterrorizado por la derrota de sus legiones en el bosque de Teuteburgo, decidió no ampliar las fronteras del Imperio, sobre todo en la Germania, se habían ido concentrando al otro lado pueblos que vivían en la miseria y que ansiaban participar del esplendor de la economía romana. Buscaban tan sólo una vida mejor. Habían sido utilizados como mercenarios, a veces incluso habían recibido limosnas, y se les había permitido asentarse en las tierras incultas. Llegaban con sus mujeres, sus hijos, sus ancianos, traían su pobreza y sólo pedían un poco de pan.

Eran visigodos, y habían sido pasto de la insensibilidad y la codicia de los oficiales romanos, que los habían explotado implacablemente. Para poder llevarse algo a la boca, se habían visto obligados a vender a sus hijos como esclavos a cambio de carne de perro, a razón de un niño por perro. Esa carne, que no comería ningún romano, servía para comprar mano de obra esclava. Y en contra de lo acordado, las autoridades les habían negado incluso la comida tras cruzar el río en el 376, haría de esto dos años. Tenían que rebelarse.

Aquella afirmación sublevó a muchos de los presentes. ¿Defendía encima a los bárbaros? ¿Cómo podían enternecerla sus miserias? Veía las cosas como una mujer: no las analizaba con la cabeza, sino con el corazón.

Pero la joven no se dejó amilanar y lanzó una diatriba furibunda contra Valente. Ese gobernante inculto, que no podía pronunciar un discurso sin tener por delante un papel, que leía además con increíble torpeza, ese tartajoso ignorante por igual de la guerra y la literatura, había sido artífice de su propio destino. ¿Por qué no esperó a que llegasen de Occidente las tropas de refuerzo? Se adelantó impulsado por la vanidad. Decidió atacar antes de que acudiese en su ayuda el ejército de Graciano para llevarse él toda la gloria. Quiso cosechar laureles cuando había sembrado hierbajos.

¿Cómo no iban a rebelarse los visigodos? Sus antepasados habían vivido dentro de las fronteras del Imperio romano. Su pueblo se había quedado fuera del Imperio cuando Aureliano, el proclamado Salvador del Mundo, abandonó la Dacia y los Campos Decumanos. La decisión pudo ser prudente, incluso acertada, pero prudente y acertada en la medida en que salvaguardaba los intereses romanos. Ahora lo único que quería ese pueblo era reintegrarse al Imperio. Los germanos habían suplicado, habían consentido en entregar sus armas antes de cruzar la frontera del río. Habían llegado desarmados.

Valente los había dejado entrar, pero no les había concedido esa gracia por consideraciones altruistas ni porque les inspirasen lástima, sino movido por el cálculo egoísta. Pretendía utilizarlos para que cultivasen las yermas tierras de Tracia, para que realizasen trabajos que nadie quería realizar, para que poblasen eriales que nadie quería hollar. Contaba además con reclutar a los hombres más rudos para reforzar su ejército imperial. Y encima los abandonó a la codicia de sus oficiales. No los defendió de las acciones hostiles que emprendieron contra ellos muchos ciudadanos. Los bien alimentados campesinos romanos exteriorizaron su desprecio por los visigodos negándoles agua y pan y a veces apaleándolos. O violando a sus mujeres y raptando a sus hijos. Y el ejército, en vez de protegerlos, aprovechó cualquier reyerta para cargar contra ellos. ¿Cómo no iban a rebelarse? Lo asombroso era que hubiesen tardado tanto en hacerlo.

Había sido siempre el sino de los germanos ser utilizados y abandonados después como una túnica deshilachada. Ya los primeros emperadores habían descubierto que no había soldado más fiel que un germano. Si un príncipe quería sentirse seguro y tener la certeza de que su vida estaba en buenas manos, sólo empleaba a germanos para su escolta personal. Y cuando se permitió a esos habitantes del norte alistarse en las legiones, treparon por toda la escala de mandos del ejército y de ellos salieron los mejores generales. Pero eran distintos, tenían la tez pálida, sus facciones eran duras, y su habla, gutural. Un aura de prejuicios se cernió sobre ellos desde los tiempos de César. Eran hombrachones alegres, dados al canto y a la danza, servían para cualquier cosa menos para pensar. Eran gigantes con mentalidad de niños. Y eran primitivos, se vestían con toscas pieles de animales, se hacinaban en chozas miserables e ingerían alimentos que hubiesen hecho vomitar a cualquier persona civilizada. Eran inferiores. Su pobreza los convertía en indeseables. Su humildad, en blanco de las injusticias.

La pequeña Hypatia contemplaba asombrada a su madre. Nunca había visto aquel fuego en sus ojos. Nunca había oído esos tonos de apasionamiento en su voz. Estaba acostumbrada a los arrebatos de entusiasmo de la madre, a su alegría contagiosa, a su capacidad de entusiasmarse y de entusiasmar a cuantos la rodeaban, pero esta vez su madre parecía un volcán vomitando fuego y lava. Toda aquella discusión, que apenas entendía, la intranquilizaba, pero de algún modo las palabras de la madre eran como un consuelo. Al principio se había sentido aterrorizada, había pensado que aquellos bárbaros eran unos dorios modernos, que venían a imponer sus costumbres salvajes. Se había imaginado a su Alejandría como una de las ciudades jónicas del Peloponeso y había sentido miedo. Los dorios la invadirían. Vendrían a convertir su ciudad en una brutal Esparta. Desaparecerían los exquisitos manjares que preparaba la cocinera siria y que le servían en platos de porcelana, y ahora sólo le pondrían en la mesa una tosca escudilla de barro con una sopa negra, preparada con trozos de carne de cerdo hervidos en sangre y condimentados con vinagre y sal. Entrarían en su cuarto y le quemarían los libros, le romperían los juguetes, rasparían los frescos de las paredes, estrellarían contra el suelo las estatuas de las Musas y la obligarían a permanecer entre cuatro paredes, cosiendo y tejiendo durante toda su vida. Convertirían Alejandría en una aldea. Pero luego habló su madre y aquellos salvajes dorios se transformaron en humildes mendigos como los que solía ver por las calles cuando la sacaban a pasear, en pastores y labriegos empobrecidos que deambulaban con sus hijos por los campos, huyendo de unos seres más terribles que los dorios. Sintió lástima por los visigodos, pero el universo se le antojaba ahora muy confuso, como si todo aquello fuese irreal y los adultos estuviesen hablando de cosas que sólo podían existir en la fantasía. Mas al parecer, existían allá fuera, lejos, muy lejos de su casa.

Teón contemplaba embelesado a su esposa. Jamás le había parecido tan seductora. Llevaba un holgado peplo de lino al estilo alejandrino, ceñido a la cintura y sujeto al hombro izquierdo por una hebilla, lo que dejaba el otro hombro al descubierto y realzaba la elegancia de su cuello. Tenía la costumbre de peinarse a la antigua usanza, con raya en el medio y sus bucles de oro recogidos por detrás a la altura de la nuca. Su tez presentaba siempre un ligero tinte rosado, al que no desfiguraban los afeites. No se pintaba de blanco la frente, ni aplicaba púrpura a sus pómulos y labios, pues detestaba todo lo artificial. Su coquetería se reducía a una aplicación, casi imperceptible, de ceniza de cedro en las pestañas y al uso de un ungüento de violetas. La pequeña Hypatia había salido a ella, era su vivo retrato. Él tenía el pelo de un color castaño oscuro, casi negro, tan negro como sus pupilas, y aunque se le consideraba un hombre apuesto, su nariz era demasiado grande y sus facciones distaban mucho de poseer la perfección armoniosa de las de su esposa y su hija.

Al seguir con la mirada cada movimiento en el rostro de su esposa, creyó ver una lluvia de chispas que saltaba del fondo azul de sus pupilas. No eran tanto las palabras, sino sobre todo los gestos los que utilizaba aquella mujer para manipular a quienes la escuchaban. Y él había sucumbido a los encantos de aquel rostro, a la danza seductora de sus labios, aquella boca le hipnotizaba, más que las palabras que de ella salían. Llegó un momento en que ni siquiera escuchaba lo que su esposa decía.

Al igual que Teón y su hija, los visitantes habían claudicado ante la persuasión subyugante de la joven madre, e incluso el venerable anciano Pappo bebía las palabras que salían a borbotones de aquellos labios carnosos. Todos se hicieron eco de sus palabras precisamente cuando la ira desfiguraba el rostro de la joven y el odio que afloraba en él la convertía en una Erinia, en una de las implacables diosas de la Venganza. Y es que sus palabras les hicieron recordar que eran griegos antes que romanos, que había en la lejanía un pasado en que sus reyes destacaban en la historia y en la literatura y que más allá hubo también épocas sin reyes en las que, si viviesen ahora, no estarían discutiendo como conspiradores al amparo de los muros de la casa de Teón, sino que alzarían sus voces en una plaza pública y proclamarían sus ideas a los cuatro vientos.

¿Se habían dado cuenta de que desde hacía siglos el único emperador culto que habían tenido había sido Juliano? En los tiempos antiguos, el fundador de la dinastía Lágida había escrito libros de historia y su hijo había compuesto tragedias. César, el conquistador de Egipto, debía más su fama a sus libros que a sus batallas. Claudio había sido un historiador erudito y Nerón había compuesto obras de gran belleza. Incluso Marcial, que lo aborrecía y que fue uno de sus detractores más acérrimos, dijo de él que había sido un «sabio poeta». Adriano había alcanzado un saber enciclopédico y Marco Aurelio había dejado a la posteridad sus obras de filosofía. Aquellos emperadores podrían tener sus defectos y hasta haber perpetrado crímenes horrendos, pero no fueron una caterva de patanes incultos. Si se seguía la senda que habían marcado los emperadores galileos, pronto los reyes no sabrían incluso ni leer ni escribir. Y a fin de cuentas, ¿de qué les serviría si lo único que tenían que hacer era levantar el cetro con un brazo y la cruz con el otro? Si aún viviese el emperador Juliano, si la lanza traidora de un soldado fanático no le hubiese atravesado el vientre cuando en pleno fragor de la batalla acudió sin peto a socorrer a sus hombres, si aún tuviesen un gobernante como él, que se había conquistado un puesto de honor en las letras griegas pese a haber fallecido cuando apenas contaba treinta y tres años, si aún tuviesen un monarca que fomentase las artes y las ciencias y respetase las creencias de todos los pueblos, entonces, sólo entonces, ella lloraría la muerte del emperador y temería por la integridad de las fronteras del Imperio; mas, si ese Imperio se estaba pudriendo por dentro, si apestaba ya como un cadáver, ¿qué más daba que entrasen a saco los godos o los persas? Ella hasta daría la bienvenida a los partos y a los indios. Quizás incluso sería mejor ser conquistados por los cercopitecos. ¿Por qué se preocupaban de amenazas externas cuando los peligros que emanaban de los nuevos gobernantes les acechaban detrás de cada esquina? Tenía una hija, y en vez de alegrarse, sentía miedo.

Tras repasar la obra de Juliano en contra de los galileos y movida por una curiosidad maligna, esa misma mañana había estado hojeando los escritos de un tal Pablo de Tarso, y se había quedado de piedra al leer lo que opinaba de las mujeres. Decía, entre otras lindezas:

> Las mujeres escuchen en silencio las instrucciones y óiganlas con entera sumisión, pues no permito a la mujer el hacer de doctora en la iglesia, ni tomar autoridad sobre el marido; mas estese callada en su presencia, ya que Adán fue formado el primero, y después Eva, como inferior; y además, Adán no fue engañado, mas la mu-

jer, engañada por la serpiente, fue causa de la prevaricación del hombre. Verdad es que se salvará por medio de la buena crianza de los hijos, si persevera en la fe y en la caridad, en santa y arreglada vida. Las mujeres callen en las asambleas, porque no les es permitido hablar allí, sino que deben estar sumisas, como lo dice también la ley. Que si desean instruirse en algún punto, pregúntenselo cuando estén en casa a sus maridos. Pues es cosa indecente en una mujer el hablar en la asamblea. Lo cierto es que no debe el varón cubrir su cabeza, pues él es la imagen y gloria de Dios; mas la mujer es la gloria del varón. Que no fue el hombre formado de la hembra, sino al contrario la hembra del hombre. Por tanto debe la mujer traer sobre la cabeza la divisa de la sujeción.

La nueva religión declaraba enemiga a la mujer, la humillaba y avasallaba, y luego pretendía lisonjearla, ofreciéndole la imagen de una madre llorona con un niño en los brazos, lanzándosela al rostro como se arroja un mendrugo de pan a un perro después de haberlo apaleado. Plagiaban la figura de Isis con su hijo en los brazos, pero rebajaban a la diosa a la categoría de receptáculo reproductor. Decía Juliano en su escrito que no había que sentir odio por los galileos, sino compasión, ya que tenían la desgracia de equivocarse en asuntos de tal seriedad. Pero ella no estaba dispuesta a sentir lástima por quienes pretendiesen tapar los hermosos cabellos de su hija y ponerle un cerrojo en los labios. Aunque tenía la impresión de que entre todos esos galileos aún no había nacido el hombre capaz de hacer callar a su pequeña Hypatia.

Ante la carcajada general, la joven aprovechó el

momento para levantarse. Alzó entonces los brazos, pidiendo silencio, y entonó los versos:

«Canta, ¡oh diosa!, la cólera de Aquiles, hijo de Peleo, cólera funesta que causó desgracias incontables a los aqueos...»

Teón sabía que, si la dejasen, su esposa sería capaz de recitar la *Ilíada* entera. Tenía una memoria envidiable, tan envidiable como la suerte que él había tenido al conocerla.

CAPÍTULO V

Truenos en la lejanía

Sentada en un taburete en un rincón del salón de la casa, Hypatia contemplaba a los tres adultos, que se entregaban como siempre a largas discusiones. Cada vez le hacían menos caso y cada vez era más inquietante el tema de sus charlas. La madre estaba perdiendo la costumbre de pasarse horas enteras con ella leyéndole libros o enseñándole a tocar la flauta, y su padre no pasaba ya tanto tiempo enseñándole matemáticas. Su único refugio era encerrarse en su alcoba y sumirse en sus lecturas y estudios. Aunque para ella la literatura estaba perdiendo su encanto y se sentía cada vez más atraída por el mundo fascinante de la geometría y la trigonometría. Entre las cuatro paredes de su habitación se transportaba a esferas que le proporcionaban una intensa felicidad, inmersa como estaba en un mundo en que todo era armónico y todo se regía por una exacta lógica interna. Era un mundo que infundía seguridad. Antes que una novela milesia prefería leer un libro de botánica o de astronomía, pero incluso en las obras sobre la naturaleza advertía una cierta incertidumbre, algo que la desazonaba, cosa que no le ocurría con cualquier tratado de geometría o de aritmética. El conocimiento de los fenómenos naturales había sido para Pericles la base de toda libertad, pero para ella ese saber significaba algo más profundo, pues le daba la certeza de que el cosmos no se derrumbaría en cualquier instante y seguiría fluyendo por sus acostumbrados cauces. Antes que la libertad buscaba ella el cobijo, el refugio que sólo le otorgaba la más exacta de todas las ciencias. Cuando estudiaba algún problema trigonométrico y lograba entenderlo y resolverlo, cuando cogía el planeta en que vivía y medía alguna de sus partes o lo relacionaba con los demás astros, entonces se sentía elevada a las regiones ilimitadas y pobladas por incontables estrellas, entonces, sólo entonces, experimentaba esa euforia tan particular que tan dichosa la hacía. Se sentía inmensamente pequeña ante el cosmos infinito, pero al mismo tiempo, tremendamente poderosa, como si, al igual que Arquímedes, sólo necesitase una palanca y un punto de apoyo en el espacio para mover la Tierra. A veces sólo salía de su habitación cuando entraba su niñera para comunicarle que la comida ya estaba servida: langosta asada en su salsa preferida, hecha de dátiles, miel y comino, y bien aderezada con pimienta, aligustre y menta.

Otras veces le picaba la curiosidad por saber de qué estarían hablando sus padres y salía corriendo de su cuarto y se precipitaba hasta el salón, donde siempre se encontraba también con el anciano y venerable Pappo. Otro que tampoco le hacía ya mucho caso. Le encantaba que su padre le explicase matemáticas, pues la llevaba de la mano, paso a paso, por todo tipo de razonamientos y le enseñaba a resolver intrincados problemas, pero cuando era Pappo quien hacía las veces de maestro, entonces su placer era inmenso, pues tenía la rara habilidad de conducirla por campos que hasta entonces le eran desconocidos y le hacía sentir que era ella la que descubría las cosas. Siempre que se pasaba unas horas con Pappo, se quedaba entusiasmada por todo lo que había aprendido en tan poco tiempo, pero también perpleja, asombrada de que hubiese sido capaz por sí sola de captar los problemas nuevos y encontrar por sí misma la forma de resolverlos.

El día anterior ella había sido el centro de atención de toda la casa: habían celebrado su cumpleaños. Habían acudido invitados, y todos se habían desvivido por agasajarla. Había estado rodeada de mimos, pero hoy ya se habían olvidado de que hacía diez años que había nacido; seguramente les parecería una mujercita que estaba dejando de ser niña, y ahora ni su madre, ni su padre, ni el viejo Pappo querían saber nada de ella y se entregaban de nuevo a la misma discusión que mantenían desde los comienzos de la primavera. Así llevaban ya cerca de dos semanas.

A Hypatia le resultaba asombroso el hecho de que los tres estuviesen debatiendo acaloradamente, como si pelearan, cuando en realidad compartían la misma opinión y no hacían más que reforzarse el uno al otro. Su madre, como de costumbre, era la que más hablaba, con una fogosidad contagiosa, que hacía que Pappo no dejase de mirarla ni un instante. Muchas veces, el anciano matemático se limitaba a asentir con la cabeza y a emitir un murmullo con el que denotaba su aprobación. El padre, que solía permanecer callado, intervenía en ocasiones y hablaba entonces con gran precipitación para sumirse acto seguido en un obstinado silencio. La madre se veía más bella aún desde que había quedado embarazada. No sólo se le había abultado el vientre, sino también el pecho, y su tez había ganado en lozanía. Ya no era simplemente bella, ahora era realmente hermosa y su rostro había adquirido una expresión que no dejaba de asombrarla. Había en él algo de retador, como si estuviese seduciendo continuamente a su entorno.

La madre se desataba en injurias contra el nuevo emperador de Oriente, al que llamaba comadreja hispana, cuando el padre intervino en la conversación. Tras un hondo suspiro, se puso a hablar en voz tan baja que obligó a los demás a guardar silencio. Habían transcurrido dos años desde la muerte del emperador Valente y el mundo no se había hundido. Pappo había estado en lo cierto: los bárbaros habían sido incapaces de sostener un asedio. Se habían desperdigado por los campos y al fin habían sido vencidos. Los temores que les habían asaltado en ese mismo salón resultaron a la postre infundados. Tenía razón su querido Séneca al decir que «tan insensato es quien teme el mal que no ha de sufrir como el que teme el dolor que no ha de sentir». Aquel libro de cartas a su amigo Lucilio, que había comprado hacía ya diez años y que durante tanto tiempo había permanecido olvidado en un rincón de la biblioteca, era ahora su mayor consuelo.

Él había nacido en tiempos del emperador Constantino, cuando la nueva religión de los galileos era ya religión oficial. Recordaba el día en que sus padres discutían en ese mismo salón. Él tendría unos trece años. El emperador Constancio II, digno émulo de su padre, había desatado su gran campaña de persecución contra lo que ellos llamaban «paganismo», contra todo lo heleno. Pero luego había rectificado tras una visita a Roma. Después vino el gran respiro del emperador Juliano, y el terror tras su trágica muerte. La angustia ante lo que podría pasar. Y no ocurrió nada, pues el emperador Joviano no parecía inclinado a aterrorizar a sus súbditos por cuestiones de creencias religiosas. Valente había estado ocupado en combatir lo que los galileos llamaban «herejías», que era tanto como decir que se habían matado entre ellos, desentendiéndose de los demás. Y luego, a la muerte de Valente, el emperador Graciano había promulgado su edicto de la tolerancia, por el que se permitían todos los cultos dentro de los límites del Imperio. Entonces, en ese mismo salón, los tres se habían dejado llevar por la euforia. Pero al año se habían sumido de nuevo en la incertidumbre, cuando Ambrosio, el obispo de Milán, obligó al emperador a anular su edicto, amenazándole con la excomunión si no lo hacía. ¿Era lógico dejarse llevar así por los acontecimientos y exponerse a esas subidas y bajadas de ánimo?

La madre de Hypatia se indignó. ¿Era acaso más sabio dejarse conducir sin rechistar al matadero? Lo que había ocurrido el 28 de febrero de ese mismo año, el 380, tan sólo hacía unas escasas semanas, no tenía precedente alguno en la historia del género humano. Se enfrentaban a algo completamente nuevo. Los peores tiranos quedarían en la memoria como niños de teta. Jamás se le había ocurrido a ningún déspota, ni siquiera de la bárbara Persia, dictar a sus súbditos lo que tenían que pensar. Los gobernantes se habían contentado hasta la fecha con supervisar el comportamiento de sus gobernados, a ninguno había importado lo que pasase por sus mentes. Al menos dentro del gran mundo grecorromano, dentro del mundo civilizado. Esa barbaridad sólo había sido costumbre entre los judíos. Y ahora el judaísmo, por mediación de un engendro suyo, amenazaba con destruir al helenismo. Dionisio derrotaría a Apolo. El irracionalismo órfico acabaría con el saber humano. De nada habrían valido los esfuerzos de tantas mentes preclaras.

No podía apartar de su cabeza esos dos terribles edictos de Tesalónica, promulgados el uno por la mañana y el otro por la tarde. Antes del mediodía había decretado: «Todos los pueblos gobernados por nuestra benévola clemencia deberán vivir, es nuestra voluntad, en el credo que predicó entre los romanos el divino apóstol Pedro, tal como se expone hasta nuestros días en la fe que él reveló y al que son notoriamente fieles el pontífice Dámaso y Petrus, obispo de Alejandría, hombre de apostólica santidad; creamos, pues, en conformidad con la enseñanza apostólica y la doctrina evangélica, en la divinidad única del Padre, del Hijo y del Espíritu Santo en su equiparable majestad y piadosa Trinidad. Los que acaten esta ley, ordenamos, que abracen el nombre de cristianos católicos, pero los otros, que a nuestro juicio son insensatos y dementes, padecerán el vergonzoso deshonor de la herejía, y sus conciliábulos no deberán llevar la denominación de iglesias, y de momento recibirán el castigo divino, pero luego también el castigo que les impondrá nuestra intervención judicial, la que aplicaremos basándonos en la voluntad del cielo». Y al atardecer, quizá como parte de los entremeses de la cena, especificaba: «Quienes confundan y violen la santidad de la ley divina, bien sea por desconocimiento o por incumplimiento de la misma, cometen sacrilegio». Ahora podía aplicarse la pena de muerte a quienes no pensasen como ellos.

Hypatia contemplaba atónita la escena, pasaba la vista de la madre al padre y buscaba una mirada de consuelo en los ojos de Pappo. Podía recitar de memoria los dos edictos, tanto en griego como en latín, pues se los había escuchado leer en voz alta a su madre en más de una ocasión, cuando se ponía a analizarlos palabra por palabra. Era cuando más se enfurecía y la ira parecía salirle como chispas de los ojos. Compartía la chiquilla la ira de la madre al pensar en que ahora tendría que creer en aquel misterioso trío cuando le habían estado inculcando desde muy niña que los dioses, incluso los más bellos, sólo existían en la imaginación de la gente. Pero todo le parecía muy confuso en esa nueva religión, que cada vez se volvía más omnipresente. Trató de entender un día las causas de las disputas entre sus sectas, al menos entre los homusios y los arrianos, ahora católicos y herejes, pero llegó a la conclusión de que le resultaba mucho más fácil entender los problemas de geometría proyectiva que le proponía el buen Pappo.

La madre insistía en que había que hacer algo contra aquella conspiración de egipcios e hispanos. El Papa se había unido al obispo de Alejandría y ahora les llegaba el refuerzo de un emperador nacido en un oscuro lugar llamado Cauca, en el seno de una familia latifundista de cristianos ortodoxos nicenos, en una insignificante ciudad enclavada en lo más profundo de la meseta central de la Hispania Ulterior. Un pastor de ovejas había venido a gobernarlos. Y lo haría como si fuesen su ganado.

Al día siguiente la madre la llevó de paseo. Fueron en el nuevo coche que había comprado el padre, un carruaje tirado por dos caballos y que estaba dotado de un sistema de suspensión a base de muelles que amortiguaba batacazos y sacudidas. Los baches no se notaban, y aunque la madre se quejaba de que el gasto había sido exorbitante y de que aquello era como no viajar en coche, el padre insistió en que utilizase ese vehículo cuando saliese de casa.

La madre quería ir con su hija a visitar un antiguo templo romano que estaba situado en un promontorio adyacente a la pequeña península del Timoneo. El Cinareo era un monóptero de modestas dimensiones, dedicado a Ceres, que tenía a su entrada un pequeño altar de mármol en el que los fieles, gente humilde en su mayoría, ofrendaban a la diosa partes de su alimento cotidiano. Quemaban sobre todo tortitas de harina y pan, por lo que los alrededores del ara se llenaban de cenizas, y la gente decía que de ahí le venía el nombre al templo. Aunque aquel lugar de culto nada tenía de imponente en lo arquitectónico, estaba situado en un sitio desde el que se abarcaba el Puerto Magno y se tenía enfrente el antiguo Puerto Real enclavado en la península de Loquias. Estaba rodeado de jardines y no había flor en Egipto que no se diese en ellos. De niña, la madre siempre se alegraba cuando la llevaban de paseo a ese templo, y el día anterior se había dado cuenta de que su hija aún no lo conocía.

A Hypatia le gustaba el nuevo coche. No entendía las quejas de la madre. Le parecía maravilloso viajar y tener la sensación de estar sentada en su propia cama, rodeada de almohadones. El puerto, además, la fascinaba. No se cansaba de mirar aquel enjambre de personas que se abría paso entre los tenderetes y entre los carruajes, de contemplar las idas y venidas de los vendedores ambulantes y de los cargadores, de admirar la pericia y la fuerza de los estibadores.

Pasaron por delante del Cesareo, dejaron atrás la iglesia de Baucalis y llegaron a donde se suponía que tenía que alzarse el Cinareo. Los jardines se habían convertido en un descuidado matorral y el templo era ahora un cúmulo de cenizas y escombros. Entre los restos de dos vigas calcinadas se ocultaba la cabeza destrozada de la diosa Ceres. La madre ordenó dar media vuelta y regresar a casa. No habló durante todo el trayecto. Hypatia permaneció muda recostada en su regazo.

Al día siguiente la mujer no quiso salir de casa. Al atardecer pidió a la niña que la acompañase a la terraza. Se quedó contemplando el cielo, en silencio, recostada en un diván, mientras Hypatia se sentaba sobre una estera y escudriñaba el rostro de la madre.

De repente la mujer dio un grito. Se levantó de un salto, se acercó a la baranda, extendió un brazo y señaló hacia la isla. Luego pronunció unas palabras ininteligibles e Hypatia creyó escuchar que su madre susurraba algo así como «hoy el vacío y ayer un cenizal». Siguió con la mirada la dirección hacia la que apuntaba la madre y advirtió que había algo raro en lo alto del faro. Poseidón había desaparecido. El viejo zorro de mar ya no alzaba al cielo su tridente. La madre le dio un beso en la frente, la abrazó con fuerza y se fue a su aposento, donde tuvieron que servirle la cena en la cama.

A la mañana siguiente la madre no se levantó. Decía sentir por dentro un invierno galo recorriéndole las entrañas, un sudor frío le empapaba la piel y se quejaba de que el respirar le producía angustia. Cuando entró la niña al dormitorio, se asustó al ver la palidez de su rostro. Cuando acudió el padre, éste observó en la sábana unas manchas de sangre a la altura de las piernas. Ordenó que trajeran inmediatamente al médico. Durante la espera la madre empezó a expulsar cada vez más cantidad de sangre, sintió vahídos y de repente se puso a hablar, a contar cosas, a saltar de un tema a otro, presa de un estado febril que parecía estar dominado por la euforia.

Cuando llegó el médico lo primero que advirtió es que tenía el pulso anormalmente acelerado. Retiró la sábana y la auscultó. Palideció enseguida. Había descubierto la causa del mal y sabía que no había nada que él pudiera hacer. Ni siquiera podía intentar abrir el vientre para extraer el feto. No tendría tiempo para eso. La placenta se había desprendido, produciendo desgarramientos, y ahora obturaba el conducto uterino. El niño, que por los cálculos del médico tendría unas diez libras de peso, en su intento por salir, ejercería presión sobre la placenta y provocaría un mayor desgarramiento. La madre moriría desangrada y el niño se asfixiaría dentro del vientre. Lo había visto muchas veces. Era un proceso que tan sólo duraba unos pocos instantes. En medio de aquella situación abrumadora, en la que la impotencia había paralizado a todos, a nadie se le ocurrió hacer que la niña saliese del cuarto. Hypatia vio como su madre moría en un gran charco de sangre.

Enterraron a la madre en el mausoleo familiar de la pequeña necrópolis que se extendía entre el bosquecillo de Némesis y el Hipogeo de los mercenarios, en un lugar poblado de cipreses y bañado por las aguas del mar de Eleusis. Tras unas semanas de duelo, en las que el único consuelo fueron los llantos, padre e hija se lanzaron a un trabajo frenético. La niña quería saber todo cuanto en las matemáticas se hubiese logrado hasta entonces y el padre dividía su tiempo entre enseñar a la hija e investigar. Escribió un par de tratados de astronomía y luego se dedicó a lo que él veía como la obra de su vida, una recopilación exhaustiva del legado de Euclides y una nueva edición de sus *Elementos*, a la que añadiría sus propios descubrimientos en el campo de las matemáticas. Fue entonces cuando padre e hija se pusieron a trabajar juntos. Hypatia insistió en que le dejase sus escritos para que ella los pasara a limpio. Pronto Teón advirtió con sorpresa que su hija no sólo le presentaba sus apuntes en una preciosa caligrafía, sino que le hacía observaciones sobre los mismos, le planteaba dudas y hasta le ofrecía soluciones. Cuando fueron publicados al fin los *Comentarios a los Elementos de Euclides*, cinco años después de la muerte de la madre, en la fiesta de presentación que dieron en el Serapeo, Teón pudo decir a los asistentes que la obra tenía también por autora a su hija. El matemático la señaló entonces con orgullo y todos los presentes clavaron sus miradas en la quinceañera, cuyo súbito rubor ensalzó aún más su belleza.

Pappo, que había hecho la presentación de la obra, llamó a Hypatia, invitándola a subir al podio, y luego la abrazó y la besó cariñosamente en las mejillas en medio de los aplausos y los vítores de los eruditos del Museo. La joven había sido aceptada como uno de ellos.

El anciano reanudó sus frecuentes visitas: se presentaba casi todos los días, a veces para compartir incluso con ellos las comidas, otras para pasar unas cuantas horas de charla. Poco a poco el venerable matemático fue convirtiéndose en parte integrante de la casa. Disfrutaba de la compañía de Hypatia y se sumó a Teón en la labor docente. Hypatia sabía que tenía por maestros a los dos matemáticos más prestigiosos de todo el Imperio.

En el salón de la casa las conversaciones entre los dos matemáticos se habían alejado de los acontecimientos que convulsionaban al Imperio y se centraban cada vez más en temas científicos. Hypatia escuchaba con avidez cuando Pappo exponía sus descubrimientos en geometría proyectiva y en estereometría, y se divertía cuando el anciano se ponía a discurrir sobre la sabiduría de las abejas, a las que calificaba de «geómetras sin parangón alguno», y se explayaba sobre sus investigaciones en la interpretación de los sueños. A veces lo primero que hacía al presentarse en casa era preguntar a quien le saliese al paso qué había soñado aquella noche. Le gustaba también escucharle disertar sobre geografía y astronomía, pero sentía un cierto malestar interior cuando abordaba el tema de la astrología y se dedicaba a relacionar las órbitas de los astros con los destinos humanos. Entonces el padre también se animaba, y los dos amigos, maestro y discípulo, se enfrascaban en una animada charla sobre horóscopos, augurios y vaticinios.

Pese a la gran veneración que sentía por ellos, llegó el momento en que empezó a dudar de que sus elucubraciones tuviesen un fundamento racional. En un par de ocasiones hasta se atrevió a criticarlos abiertamente, aunque lo hizo de un modo indirecto, haciéndoles preguntas, y entonces observó que los dos investigadores parecían avergonzarse, como dos chiquillos pillados en falta, y recurrían para defenderse a curiosas explicaciones que envolvían en un manto de racionalidad: si en la naturaleza, decían, imperaba el determinismo, entonces tenía que haber en ella indicios de lo que necesariamente tenía que ocurrir en el futuro.

Pronto aprendió Hypatia a desviar la conversación cuando ésta se adentraba por esos derroteros, y desarrolló una rara habilidad para conducirlos hacia los temas que le interesaban; para asombro de Pappo y Teón, pues no llegaban a explicarse por qué la jovencita había elegido precisamente la parte más difícil de las matemáticas como objeto de su apasionamiento. Podían entender que de todas las ciencias tan sólo se interesase por la más exacta, ya que para ellos mismos era su predilecta, podían entender también su inclinación hacia la trigonometría y hacia la obra de Apolonio de Pérgamo, el Gran Geómetra, hacia sus trabajos sobre la cuadratura de las áreas de las curvas planas y sobre las secciones cónicas, pues eso llevaba a los cálculos de las trayectorias de los astros, pero ¿por qué se entusiasmaba de tal modo con el alejandrino Diofanto, con el más difícil de todos los matemáticos? ¿Por qué esa predilección por lo más abstracto, por los oscuros campos del cálculo algebraico? Lo cierto era que sólo cuando le hablaban de ecuaciones y de intrincadas demostraciones analíticas advertían en los ojos de Hypatia el mismo fulgor apasionado que habían visto en los de la madre cuando defendía alguna postura en contra de todos sus interlocutores. Llegaron a pensar que la joven sólo se sentía a sus anchas en este mundo cuando podía referirse a él con el lenguaje de las matemáticas, libre de las ambivalencias y las imprecisiones de los idiomas hablados por los pueblos. A veces se burlaban de ella, la llamaban La Babilónica por su debilidad por los métodos de razonamiento algebraicos en detrimento de los geométricos, tan genuinamente griegos, pero en el fondo sentían por ella un hondo respeto.

Teón se había resistido a mandar a su hija a la escuela pública; había preferido contratar a profesores particulares para ciertas asignaturas como la literatura, la música y la geografía, y cuando se acercaba el momento de enviarla a la universidad, tanto él como Pappo decidieron que la joven cursaría sus estudios exclusivamente en el Museo, protegida por las murallas del Serapeo y en un ambiente en el que estaría a salvo de los disturbios que cada vez eran más frecuentes en la ciudad.

Era el año 385: ya habían transcurrido quince años del nacimiento de la hija de Teón y de la publicación de sus *Comentarios a los Elementos de Euclides*, y ocupaba la silla episcopal el hombre que se había destacado como secretario particular de Atanasio, el presbítero Teófilo, que se convertía así en el vigésimo tercer patriarca de la ciudad. Con ese hombre impulsivo, que soñaba con recuperar para Alejandría la supremacía dentro de la Iglesia cristiana, habían llegado también los parabolanos, monjes armados que acudían del desierto en ayuda de las altas jerarquías eclesiásticas. Esos «cerdos de las sotanas negras, más voraces que elefantes», como los llamaban los griegos, aterrorizaban a la inmensa mayoría de los ciudadanos, que se negaban a renunciar a las creencias heredadas de sus padres. Pues aunque los contagiados por la nueva religión tan sólo representaban una décima parte de la población, según los cálculos censuales efectuados por los matemáticos del Museo, formaban sin embargo una aguerrida falange cuyo fanatismo le otorgaba cualitativamente las fuerzas de que no disponía en número.

Precisamente ese mismo año, el 385, se habían producido terribles enfrentamientos en el Gimnasio. Los parabolanos entraron en la universidad y atacaron a las chicas, a las que gritaron que su obligación era permanecer en sus casas, bajo la custodia de sus padres, y no estar aprendiendo ciencias demoníacas que servían únicamente para afrentar a Dios. Pretendían también que tapasen con velos sus cabellos y no exhibiesen sus carnes, vistiéndose de un modo tan indecente como solían. Estudiantes y profesores repelieron el ataque, apalearon a los intrusos, los arrojaron de la universidad y cerraron las puertas del Gimnasio. Fue entonces cuando los monjes cruzaron la avenida y descargaron su rabia en el Paneo. Treparon por la colina, destrozando todas las estatuas que encontraron a su paso, pisotearon los bancales de flores y finalmente prendieron fuego a los bosquecillos del parque. Para Teón y Pappo aquello había sido la ratificación de sus predicciones y la confirmación de que habían estado en lo cierto al decidir que Hypatia no entrase en la universidad.

A finales de la primavera de ese mismo año les habían llegado de España noticias alarmantes. Hacía ya tres años que el emperador Teodosio había creado el cargo de Inquisidor de la Fe. La nueva institución imperial, bajo autoridad eclesiástica y con facultad para decidir lo que los ciudadanos tenían que pensar, extendía sus competencias a todo el Imperio, pero aún no había dado claras muestras de cuáles serían sus métodos.

El escándalo en el seno de las jerarquías eclesiásticas lo había desencadenado un joven hispano de unos veintitantos años, primogénito de una honorable familia acomodada, intelectual de vasta cultura y de inclinaciones ascéticas que había fundado en Lusitania, por el 375, un movimiento espiritualista en el que se exaltaba la pobreza, se proclamaba la igualdad de derechos de la mujer y se exigía de las autoridades eclesiásticas que llevasen una vida apartada de todo lujo. Prisciliano, que así se llamaba el promotor de aquella revolución ética, había renunciado a sus riquezas y aconsejaba a sus seguidores vivir modestamente y abstenerse del consumo de carne, alimento que consideraba antinatural. Había logrado incluso el apoyo de varios obispos, que se convirtieron en discípulos suyos y acabaron nombrándolo, en el año 381, obispo de Ávila, pese a su condición laica. Los obispos de Emérita Augusta y de Ossonoba, Hidacio e Itacio, fueron los primeros en poner el grito en el cielo contra la elección de aquel hombre de treinta y seis años de edad. Sobre todo el último, hombre de inusitada gordura, entregado a los placeres de la buena mesa, esclavo notorio de la glotonería, para quien toda sombra de ascetismo causaba honda repugnancia.

Cuatro años habían durado las controversias entre los jerarcas de la Iglesia y los priscilianistas, que acabaron sucumbiendo. La Inquisición pasó a España y, sometidos a salvajes torturas, los nuevos maniqueos confesaron sus herejías. Las hachas de los verdugos se encargaron de separar de sus cuerpos las cabezas de Prisciliano y otros cuantos obispos. Todos los demás fueron condenados a la hoguera. Algunos prelados, bendecidos por la gracia imperial, fueron desterrados a islas inhóspitas del norte de Britania.

En el acaloramiento del sinfín de reflexiones que les traía a la mente la noticia, Pappo recordó las palabras del mesías de los galileos que solía repetir la madre de Hypatia cuando se enardecía y quería hacerles comprender la magnitud de la amenaza que para la civilización representaba la nueva secta: «No vayáis a creer que he venido a traer la paz al mundo. No he venido a traer la paz, sino la guerra. He venido a separar al hijo del padre; a la hija, de la madre, y a la nuera, de la suegra. Los enemigos del hombre serán las personas de su propia casa».

Los cristianos se habían matado hasta entonces en claras luchas por el poder. Cualquier ascenso al trono papal o episcopal había estado precedido por un copioso derramamiento de sangre, pero no podía criticarse a los cristianos lo que era hábito común en el Imperio. Sin embargo, en España había ocurrido ahora algo nuevo: una matanza organizada de cristianos por cristianos. La profecía de Jesús se había cumplido. El enemigo estaba en la propia casa.

Hypatia los escuchaba con cierta apatía. Le daba lástima que esos dos grandes pensadores malgastasen sus energías mentales en analizar hechos tan triviales como la historia misma, que se le antojaba una repetición prosaica de errores. Cualquiera de las hormigas graneras que se paseaban por el jardín de su casa tenía mayor capacidad de aprendizaje. Detestaba los libros de historia. Tan sólo se había solazado una vez con la lectura de las obras del alejandrino Apiano, quien le había hecho pensar que quizás ese arte pudiese convertirse algún día en una ciencia. Había leído en Demócrito que el saber comienza cuando podemos hablar del mundo que nos rodea sin hablar de nosotros mismos, y había llegado a la conclusión de que ese ideal sólo podría ser alcanzado cuando el lenguaje de las matemáticas fuese el idioma universal de todos los investigadores. A lo único que aspiraba ella en esta vida era a contribuir al desarrollo de ese lenguaje. Todo lo demás le parecía secundario. Al menos, indigno de su propio esfuerzo. Se sentía llamada a legar a sus semejantes una obra propia, por modesta que ésta fuera, y no podía permitirse el lujo de malgastar sus energías mentales en sucesos que en nada le concernían.

Sin embargo, un día de otoño del año 387 aquellos sucesos que en nada le concernían la rodearon con toda su furia cuando se dirigía a caballo al Museo, donde pensaba asistir a la conferencia que daría su padre sobre astronomía. Al realizar observaciones sobre la trayectoria de Marte, el padre había descubierto que Claudio Ptolomeo había falsificado los cálculos que Hiparco de Nicea había hecho tres siglos antes sobre la órbita descrita por ese planeta, ya que no confirmaban su teoría geocéntrica. Así que habría que plantearse si el sabio era tan irrebatible como se creía. La conferencia prometía ser polémica y Teón se había adelantado a su hija para poder hablar antes con algunos compañeros del Museo.

Hacía ya tres años que ocupaba la prefectura de Oriente, el cargo militar más importante después del emperador, un compatriota de Teodosio, Cinergio, antiguo oficial suyo, que se había propuesto como meta en su vida aplicar a rajatabla los decretos de su superior, incansable en promulgar edictos contra el paganismo y la herejía. Cinergio había supervisado en persona la destrucción de templos en Edesa y Apamea y había hecho saber al gobernador de Egipto, al prefecto augustal Paulino, que deseaba que las leyes que se aplicaban en el resto del Imperio fuesen también respetadas en Egipto. Los alejandrinos estaban enfurecidos contra el poder central, y cuando ese año, con motivo de las *Decenalias* del emperador Teodosio, que cumplía diez años de gobierno, Cinergio decidió ir a Alejandría para velar por el escrupuloso cumplimiento de sus órdenes y contribuir con su presencia al buen desarrollo de las regias festividades, el pueblo se lanzó a la calle y dio rienda suelta a su ira.

Cuando se dispuso a cruzar la avenida de Canopo, Hypatia no advirtió que se metía en medio de dos bandos enfrentados que estaban a punto de llegar a las manos. Absorta en sus pensamientos, ni siquiera escuchó los gritos de advertencia de sus criados. Quizás percibiese algo insólito en la atmósfera, pero eran tantas las cosas raras que ocurrían en su ciudad en los últimos tiempos, que no iba a dejarse llevar por un vago presentimiento. Quizá le extrañase aquella aglomeración de personas en la vía pública, el gran número de chiquillos vociferantes que corrían de un lado a otro, el grupo de soldados a su derecha, fuertemente armados, mezclados con monjes de sotanas negras y pardas, que blandían garrotes y hachas, y los grupos de estudiantes a su izquierda, que lucían inmaculadas túnicas blancas y relucientes sandalias de cuero, y que parecían confraternizar con una muchedumbre abigarrada de egipcios descalzos cuya única indumentaria era un deshilachado taparrabos o una faldilla corta. Se encontraba en medio de la avenida cuando observó por el rabillo del ojo que algunos estudiantes llegaban corriendo con grandes sacos, que vaciaban sobre el pavimento. Escuchó el sonido cantarín que hacía el acero al chocar contra las piedras, volvió la cabeza y vio que los jóvenes estaban distribuyendo espadas cortas entre la multitud. Fue entonces cuando se dio cuenta del peligro que corría. Y fue entonces cuando se vio envuelta en un griterío infernal y en una nube de piedras que volaban sobre su cabeza en ambas direcciones.

Espoleó al caballo para alcanzar la bocacalle, pero se encontró inmersa en un remolino humano que parecía haber surgido de las entrañas de la tierra. Pensó en que iba a morir, en que no asistiría a la conferencia del padre, en que podrían herirla y dejarla inválida o desfigurada para toda su vida. Desorientada por el miedo, estuvo a punto de alzar el rostro al cielo e implorar el auxilio de los dioses, pero se percató enseguida de que jamás había creído en ellos. Se avergonzó de sí misma, se sonrojó incluso, y el bochorno que le produjo esa pérdida momentánea de su dignidad hizo que venciese al pánico. Encabritó al caballo, dispuesta a abrirse paso como fuese, pero no logró atravesar la barrera humana.

Un oficial germano, decurión al mando de un escuadrón de caballería, se fijó en la joven y se lanzó a socorrerla, seguido de una docena de lanceros. Lograron rodearla, alzaron sus escudos para protegerla de la lluvia de piedras, la sacaron de la avenida y la condujeron al amparo de un pórtico situado unas cinco manzanas más al sur. Allí le preguntaron entre risas si pretendía emular a las sabinas y había pensado que podría impedir con su presencia que aquellas jaurías de fieras se devorasen una a otra. Luego le dieron escolta hasta las afueras de la ciudad y no se despidieron de ella hasta verla galopar montaña arriba hacia la cima donde se alzaba el Serapeo.

Momentos después, abrazada al padre y en medio de las atenciones de los sabios del Museo, lo anterior se le antojó un sueño lejano que nada tenía que ver con ella.

CAPÍTULO VI

La devastación

Sentada en el salón de su casa, Hypatia apartó el montón de libros y de cuadernos de apuntes que se habían ido acumulando a su alrededor. El padre había salido con el alba a hablar con el capataz de uno de los viñedos que poseían cerca de Eleusis y ella había trasladado sus cosas al cuarto de estar para no sentirse tan sola en el gabinete de trabajo que había organizado en su propia alcoba, que se le hacía cada vez más estrecha.

Miró por la puerta hacia el jardín de la casa y se quedó contemplando el vetusto plátano, cuyo follaje adquiría poco a poco la coloración otoñal. Parecía un cíclope de largos brazos y un sinfín de manos rojizas, que extendía al sol como si quisiera cerciorarse de que realmente estaban perdiendo sus oscuras tonalidades verdes. Desde niña le había gustado imaginarse seres fabulosos en los dibujos caprichosos que las manchas blancas del tronco hacían sobre el fondo pardusco y grisáceo. El árbol lo había plantado su abuelo paterno, que se lo había traído a la vuelta de un viaje por la península Ibérica. Según su padre, todos se habían reído de él en la casa al verlo descender por la escalerilla del buque gaditano sosteniendo entre sus brazos una enorme maceta de la que sobresalía un raquítico tallo. Pero con el tiempo se habían avergonzado de sus burlas y reconocieron que había sido una de las mejores ideas del abuelo.

Miró a su alrededor, pasó la vista por los volúmenes apilados y decidió dedicarse a otra cosa. Cogió de la mesa el volumen sexto de la *Aritmética* de su amado Diofanto y se puso a releer por enésima vez la parte que trataba de las ecuaciones cúbicas. Dos horas para preparar la clase de hoy habían sido más que suficientes. Olvidados estaban ya los días en los que dedicaba hasta ocho horas para preparar una sola clase. Olvidados el nerviosismo y el sentimiento de que fallaría. Llevaba ya más de un semestre impartiendo clases de trigonometría en el Museo. Había sido el regalo del padre la primavera pasada, el día en que cumplió los veintiún años. Teón le entregó un contrato que la convertía en catedrática del Instituto de Matemáticas del Museo. Había pasado a ser la persona más joven de todo el cuerpo docente.

La primera vez que subió al podio en un aula abarrotada de gente, sintió que le temblaban las piernas y tuvo que apoyarse en el pupitre para no caerse. Lo que más le turbó fue la fija mirada del estenógrafo encargado de levantar acta de su conferencia. Pero ahora tenía ya la rutina de una veterana. La clase que daría esa mañana sería la última hasta dentro de unos quince días. Hacía dos días que habían comenzado los preparativos para las festividades en honor a Serapis y los fieles ya habían llegado desde todas las aldeas y ciudades de Egipto. Incluso habían acudido muchas personas de otras provincias del Imperio. Era la celebración más importante desde hacía casi siete siglos. El Museo se sumaba a los actos en honor a Serapis, y hasta los ateos más acérrimos bebían vino y comían cordero asado codo con codo con la multitud de creyentes. La alegría contagiaba a la ya de por sí alegre Alejandría.

Había levantado la vista del libro y estaba pensando en que tenía ganas de que llegase el padre, de dar de una vez la clase y de meterse en el bullicio que habría a esas horas en el Serapeo, cuando se presentó Teón acompañado del joven poeta Claudio Claudiano. Ambos estaban visiblemente agitados. Se sentaron en sendos sillones frente a ella, sin saludarla siquiera, y se pusieron a contarle lo que acababan de presenciar. Hablaban los dos atropelladamente al mismo tiempo, cosa que no era habitual en el padre, aunque sí en aquel lírico fogoso, que veía el mundo con los ojos del artista y trataba de que todos cuantos le rodeaban se enardeciesen al escuchar el canto de un ave o derramasen lágrimas de alegría al oler el perfume de una flor. Había sido la primera persona, también la única, que le había desvelado el misterio de ese extraño rechazo hacia ella por parte de todos los hombres con los que se relacionaba, con la sola excepción de Claudio, Pappo y su padre. No había sido ella la que había confesado a Claudio ese temor difuso que tanto la mortificaba, ese miedo a que algo en su personalidad o en su aspecto físico provocara un distanciamiento en su interlocutor, quizás incluso repugnancia. Él mismo había abordado el tema y le había espetado a bocajarro que seguramente se sentiría como una leprosa cuando estuviese en compañía de hombres.

Siempre que lo veía recordaba lo mucho que le había sorprendido aquella afirmación, con la que Claudio irrumpía en las zonas más recónditas de su ser. Claudio se había echado a reír; abandonó luego el salón, lo escuchó llamar a gritos a las criadas y regresó al rato con un espejo en la mano. Le pidió que se mirara. Y entonces le hizo la revelación más sorprendente que había escuchado en su vida: ella, que estaba empezando a creerse fea, era demasiado guapa. La madre naturaleza había sido demasiado pródiga. Su hermosura era exagerada, su perfección no parecía humana. Tenía que turbar a los hombres, los que habrían de cohibirse en su presencia. Lo que ella sentía como desdén no era más que el deslumbre lógico de quien osa alzar la mirada al Sol. Poseía una de esas bellezas que atraen tan poderosamente a los hombres, que éstos se sentían desorientados, demasiado inquietos, demasiado ofuscados para poder reaccionar. No era simplemente una gran belleza física, sino algo más profundo: una belleza en la que lo exterior y lo interior se confunden y ante la cual el varón no experimenta deseo, sino la angustia ante lo inaccesible. Ante una fortaleza inexpugnable, los hombres capitulaban antes de intentar el asalto.

Absorta en la contemplación del joven y de su padre, que no paraban de gesticular y de quitarse el uno al otro la palabra, Hypatia tuvo dificultades al principio en entender lo que le decían. Al fin tuvo que rogarles que hablasen por partes.

Se habían encontrado por casualidad cerca del hipódromo, habían ido luego a tomarse una cerveza en uno de los bares del puerto fluvial y habían pasado después por delante del templo consagrado a Baco. Allí habían visto al mismísimo Teófilo, montado sobre un caballo blanco y luciendo sus ornatos pontificales. Llevaba una capa pluvial de púrpura recamada en oro, calzaba cáligas de cuero con esmeraldas incrustadas y se había protegido el pecho con una coraza de plata. Llevaba puesta la tiara de tres coronas con el remate de la cruz sobre el globo. Se había teñido la barba con henna, se había pintado las uñas con bermellón, y blandía el báculo con el crucifijo como si fuese una espada. Parecía un faraón resucitado, más fantasma que hombre. Lo rodeaba su guardia personal, integrada por veteranos elegidos de la disuelta Tercera Legión Cirenaica, a la que se sumaba su habitual séquito de perreros fuertemente armados. Y mientras una turba negra de monjes del desierto se lanzaba como cuervos sobre el templo, Teófilo contemplaba la escena con una sonrisa enigmática dibujada en los labios. Trajeron después un ariete y derrumbaron la puerta. Entró aquella turba en el templo y luego fueron saliendo los monjes llevando en alto los objetos sagrado del culto. Finalmente, ocho fornidos parabolanos sacaron la estatua de Baco, la tiraron contra el empedrado de la calle y la destrozaron con sus espadas. Al romperse, de dentro de la estatua del dios empezaron a salir ratoncillos, que se esparcieron en todas las direcciones. Resonaron las carcajadas y los asaltantes se burlaron del dios y dijeron de él que era, como todos los dioses de los paganos, una cáscara que ni siquiera estaba hueca, sino que ocultaba madrigueras de alimañas. Algunas personas del pueblo que se habían acercado se sumaron a los escarnios y las risas; otras, la mayoría, se quedaron paralizadas de miedo, espantadas ante tamaño escarnio y profanación.

Entonces ocurrió lo insólito: se presentó Olimpio, vestido con su manto pardo de filósofo y blandiendo en lo alto una espada. A Teón y Claudio les había costado trabajo reconocer en aquella extraña y combativa figura al erudito mesurado que conocían del Museo y al afable pontífice del Serapeo. Capitaneaba una masa asombrosamente heterogénea, compuesta por gentes que habría ido reuniendo por las calles de Alejandría. Allí estaban el aristócrata junto al pordiosero, el terrateniente junto al campesino, los estudiantes mezclados con los estibadores de los puertos, los pontífices junto con las sacerdotisas, los niños vociferando, las mujeres arengando a los hombres, y los ancianos seguidos de perros que emitían pavorosos aullidos. Aquella multitud parecía estar contagiada de la aspiración cristiana de buscar el martirio a toda costa. En sus miradas se leía que no temían la muerte. Se habían armado con esa extraña colección de objetos inverosímiles a los que recurre el pueblo cuando está convencido de que se pisotean sus derechos y necesita desencadenar su furia. Se veían lanzas y espadas, hachas y cuchillos, hoces y rastrillos, estacas y hondas, pero también piedras, sartenes, cacerolas y hasta ánforas y taburetes.

Cargaron sobre los monjes con tal ímpetu, con tal temeridad, con tal desprecio por la propia vida, con tal despreocupación absoluta por los daños que pudieran infligirles las fuerzas del patriarca, que éstas optaron por replegarse. El pueblo se hizo pronto dueño de la situación. Olimpio los arengó y les pidió que diesen su vida por defender a los dioses de sus padres, y los exhortó a no dejarse desanimar por la destrucción de las estatuas de las deidades ancestrales de sus antepasados. Ese día las legiones del mal habían profanado las representaciones materiales de sus dioses, pero esas figuras no dejaban de ser más que simples objetos terrenales, y como tales, eran cosas que estaban sujetas a las leyes de lo perecedero. Pero la fuerza contenida en ellas había ascendido al cielo. Del cielo tenían que sacar sus fuerzas y no de esculturas creadas por la mano humana. Había llegado el momento de acabar de una vez por todas con los desmanes de los cerdos de las sotanas negras. La rebelión cívica era la única salida. Se enfrentaban a un delito flagrante de tiranía, y contra los tiranos los mismos dioses autorizaban la violencia, el único lenguaje que entendían los déspotas. Los alejandrinos tenían que levantarse en armas si querían hacer comprender al patriarca de los galileos que hasta ahí habían llegado, que no estaban dispuestos a seguir consintiendo sus tropelías. No cederían ni un solo palmo más.

A Claudio le hubiese gustado quedarse un rato más, pues estaba completamente embelesado con Olimpio, ya que era la primera vez en su vida que asistía a la metamorfosis de una gacela en león, pero Teón había insistido en que lo acompañase a casa. Por el camino habían estado analizando el suceso y estaban realmente preocupados. Ambos tenían miedo de que se repitiesen en Alejandría las matanzas de Antioquía y Tesalónica.

Hacía ya tres años que Teodosio era de facto el emperador absoluto de todo el Imperio, cuando, por una simple protesta en Antioquía, ocasionada por una subida de impuestos, había ordenado masacrar a la población. Pero aquella represalia imperial palidecería ante la carnicería que había organizado en Tesalónica en la primavera del año anterior.

El origen de todo había sido un prosaico asunto de celos. El comandante de la guarnición, un godo llamado Buterik, había ordenado encarcelar a un auriga famoso por mantener relaciones amorosas con su copero. La multitud, indignada, había linchado al godo. Teodosio se encolerizó y dio órdenes de que se dijese a los habitantes de Tesalónica que les había perdonado ese desafortunado desliz y que como prueba de su magnanimidad les obsequiaba con unas carreras de carros en las que participaría el auriga de la discordia. La población acudió al estadio. Los soldados cerraron entonces las puertas y cargaron contra los espectadores. Amontonados en las gradas quedaron siete mil cadáveres, muchos de mujeres, ancianos y niños.

Ambrosio, el obispo de Milán, había aprovechado el incidente para imponer a Teodosio un acto de contrición. El emperador se había arrodillado en la catedral de Milán ante el obispo Ambrosio, quien pronunciaría luego su frase lapidaria: *«Imperator enim intra ecclesiam non supra ecclesiam est»*. Era la tercera vez que un obispo imponía su voluntad a un emperador. Y esta vez, de forma definitiva. A partir del día de Navidad del año 390 de nuestra era el emperador estaría dentro de la Iglesia, pero no por encima de ella.

Un tal Agustín de Tagaste, que acababa de ser ordenado sacerdote en Hipona, declaró enardecido, refiriéndose al emperador, que de él «lo más asombroso había sido su piadosa humildad». Y esa humildad se había visto reflejada al año siguiente en el edicto del 24 de febrero de 391, por el que en Roma quedaban prohibidos todos los sacrificios a los dioses paganos y la asistencia a sus templos. Por el edicto del 16 de junio se extendía esa prohibición a Egipto. Desde hacía cuatro meses la destrucción de los templos podía ocurrir en cualquier momento. En otras provincias ya había comenzado. El joven Claudio estaba convencido de que el asalto al templo de Baco no era más que el preludio de una devastación.

Pero Teón aducía que los galileos seguían siendo una ridícula minoría y que no se atreverían a aplicar las leyes que estaban promulgando. Había tantas que no habían aplicado... quizás acabase imponiéndose la razón. Ese mismo año le había sido otorgado el consulado a Símmaco, orador y general de gran prestigio, ex procónsul de África y ex prefecto de Roma, un hombre que se había atrevido a enfrentarse al mismísimo Ambrosio y que ahora defendía en el Senado romano la causa del helenismo y de las religiones ancestrales. Suyas eran las palabras: «¿Qué importancia tiene que cada cual busque la verdad desde su punto de vista? Todos vivimos bajo la misma bóveda celeste», palabras que abogaban por la tolerancia, base de toda sociedad humana. Según Teón, el fanatismo estaba condenado al fracaso. El joven Claudio haría bien en leer a los estudiosos que habían abordado el tema de las formaciones sociales.

Claudio replicó que no necesitaba entender las cosas con el cerebro cuando su corazón las veía mucho mejor. En sus sermones contra los que los galileos llamaban «paganos», ¿no los había calificado el papa Dámaso de «perros rabiosos a los que hay que exterminar»? Tan sólo la lectura de unos cuantos discursos del obispo Ambrosio bastaba para que los músculos del cuerpo se echasen a temblar, para que la sangre se agolpase en las sienes y la piel perdiese su color. El cuerpo era más rápido que la mente: se asustaba sin preámbulos y con la fuerza que le venía de la intuición. Se asustaba al oír que las ciencias naturales eran blasfemia y herejía porque socavaban la autoridad de Dios y atacaban su divina majestad. Se asustaba al oír: «Nada es más importante que la religión. Nada es más importante que la fe», y Claudio estaba asustado.

La nueva religión alimentaba también la innata

pereza humana y se nutría de ella, ya que siempre resulta más fácil edificar templos en el aire que sobre la tierra. La fe corría velozmente sobre una carretera bien pavimentada, mientras que la investigación tenía que trepar penosamente por escarpados vericuetos. Él sentía de un modo visceral que la batalla estaba perdida, que el racionalismo heleno sucumbía ante la irracionalidad hebrea. Estaban presenciando el fin de aquella disputa que llevaron dos alejandrinos a la corte de Calígula. Y ahora, pasados tres siglos y diez quinquenios, el exégeta Filón vencía al gramático Apión mediante el artificio de poner capote nuevo al judaísmo.

Hypatia, que estaba reflexionando en esos momentos sobre el artificio al que recurría Apolonio para reducir una ecuación cúbica a una cuadrática, les pidió que dejasen la discusión para más tarde, pues quería ir de una vez al Serapeo. Si encontraba a sus discípulos ya reunidos, pensaba alargar la clase para que pudiesen emplear sus cortas vacaciones en aprenderse los teoremas de Menelao. Les recordó que los seres humanos seguirían dedicándose a la trigonometría esférica cuando Teodosio, Dámaso, Ambrosio y Teófilo y hasta el mismo Olimpio se hubiesen convertido en meros nombres anecdóticos que sólo servirían para hacer aún más fastidiosas las aburridas páginas de los libros de historia.

Partieron los tres a caballo hacia el Serapeo, y aun cuando las calles estaban más abarrotadas que de costumbre e incluso tuvieron que abrirse paso a duras penas por entre la multitud que subía por la carretera que conducía al templo, Hypatia logró, como había pensado, iniciar su clase antes de la hora habitual. Pero no pudo terminarla. Del pasillo al que daba la puerta del aula llegaban ruidos de pasos, de carreras precipitadas, de voces nerviosas y de llamadas inquietas. Al final el escándalo se hizo insoportable. Sus discípulos no hacían más que mirar hacia la puerta y parecían sentir más curiosidad por saber lo que estaba ocurriendo fuera que por enterarse de la suerte que corría un triángulo esférico cuando era cortado por una transversal. Hypatia renunció a explicarles la regla de los seis segmentos y los despidió hasta después de la fiestas de Serapis.

Al salir al pasillo se encontró con su padre y con Claudio, que venían dispuestos a interrumpir la clase. Ambos, con el rostro desencajado, le pidieron que se diese prisa, pues tenían que irse enseguida del Serapeo. La ciudad era una caldera en ebullición. La gente se había sublevado y el ejército había tomado las calles. Los dos hombres estaban preocupados por ella. Querían verla al abrigo de los muros de la casa.

Les fue imposible bajar por el camino del norte. Una masa humana subía apretujada por la carretera e incluso las laderas estaban llenas de personas que trepaban penosamente por ellas. La carretera que daba al lago también estaba atestada de gente. Comenzaban a llegar los primeros heridos. Los hombres que los transportaban pegaban grandes gritos tratando de abrirse paso. Los médicos del Museo improvisaron un hospital de campaña y pidieron ayuda a sus colegas. Geógrafos, astrónomos y gramáticos se convirtieron en enfermeros. Hypatia se encontró de repente asistiendo a un cirujano. Tuvo que hacer esfuerzos inauditos por vencer la repugnancia que le producía la simple visión de la sangre. Creyó que se desmayaría, pero a las pocas horas le pareció que se había pasado toda su vida poniendo vendajes y aplicando ungüentos. Advirtió que el truco consistía en pensar en los demás y no en sí misma.

Por la tarde comenzaron a aparecer las primeras tropas en las explanadas que rodeaban la colina del Serapeo. Desde lo alto se podía divisar el despliegue de las centurias y de los escuadrones de caballería. La gente se horrorizó al ver llegar también al temible cuerpo de camelleros. Nadie se atrevió a abandonar la seguridad del Serapeo. Estaban sitiados. Era imposible romper el cerco. Al oscurecer todos empezaron a prepararse para pasar allí la noche.

A la mañana siguiente se presentó en la explanada que rodeaba la colina del Serapeo el prefecto augustal Evragius, acompañado del comandante en jefe del ejército, el general Romanus, conde de Egipto. Un tribuno militar, escoltado por dos centuriones que enarbolaban sendas ramas de olivo, subió a caballo hasta el templo y les transmitió el mensaje de sus superiores: querían hablar con los amotinados. Dos pontífices de Serapis y dos filósofos del Museo bajaron a parlamentar.

Cuando regresaron, los pontífices de Serapis se reunieron con los miembros del Museo en el gran salón de actos. Los emisarios habían hablado con los dos magistrados, quienes les habían manifestado su inquietud por el mal cariz que estaban tomando los acontecimientos. Parecían sinceros en su preocupación por querer evitar una matanza a toda costa. Les suplicaron que depusiesen las armas y volviesen a sus casas. Les dieron su palabra de honor de que emplearían sus fuerzas para protegerlos.

Pero lo que vieron detrás de los soldados hizo que se les helase la sangre en las venas. Había grandes contingentes de monjes fuertemente armados. La mayoría vestidos con sotanas negras, pero también estaban los frailes del terrible abad Schenute, que había venido de su Convento Blanco de Atripe al mando de sus hordas de cofrades ataviados con pieles de hienas, leones y lobos, cuyas cabezas disecadas utilizaban como capucha. A todos infundían miedo aquellos hombres parecidos a fieras y comandados por un ex criador de cerdos, cuya fama le precedía, pues de todos eran conocidas las carnicerías que había desatado por el Alto Egipto. El desierto parecía haber vomitado en Alejandría todo el contenido de sus conventos. Allí estaban también los perreros de las iglesias, hombres fornidos y mal encarados, y los temibles parabolanos. Estos clérigos de las iglesias de Oriente tenían el cometido de asistir a los enfermos de los hospitales y dar sepultura a quienes morían dentro de la ortodoxia. Con el pretexto de poder cumplir con la misión de transportar en angarillas enfermos y cadáveres, sólo se admitía a hombres rudos y curtidos. Los prelados los reclutaban con predilección entre los marineros y la masa de gente sin trabajo que pululaba por las ciudades. Menos de parihuelas, los parabolanos iban bien pertrechados de todo tipo de armas, y así, al amparo de una obra de caridad, se fue creando un ejército poderoso que permitía a los jerarcas de la Iglesia enfrentarse a las autoridades civiles y militares e imponerles su voluntad. Se habían especializado en sembrar el terror y hasta el mismo emperador les tenía miedo. Los emisarios coincidían en que jamás habían visto a tantos parabolanos juntos.

De aquella masa de parabolanos fue emergiendo poco a poco, mientras parlamentaban, la aguerrida tropa del obispo Teófilo, quien fue acercándose cada vez más, rodeado de su guardia personal y de la escolta de mercenarios reclutados en las cárceles egipcias. Aquellos ex presidiarios, liberados a cambio del bautizo, eran fieras salvajes, pero de una fidelidad a toda prueba hacia su señor. Junto al patriarca cabalgaba un niño de unos catorce años, el hijo menor de Isidora, la mayor de sus hermanas, a quienes todos conocían por Cirilo *el Sobrino*. Y si el tío se conformaba con protegerse el pecho con un corselete de cuero, el sobrino lucía peto y espaldar de acero, faldar de malla y grebas de plata. Cubría su cabeza y parte del rostro con un yelmo de bronce, sobre el que se veía un elefante de marfil en posición de ataque, y se había echado sobre los hombros un manto de seda teñida de púrpura. Llevaba embrazado un escudo de oro, en el que algún artista mediocre había esculpido escenas sacadas del Apocalipsis, y empuñaba una lanza cuyo remate tenía forma de cruz. Se contaba de él que a los nueve años de edad había matado a pedradas la vaca de un pobre campesino para ejercitarse en el noble arte de la dilapidación. Al igual que el tío, llevaba las uñas pintadas de polvo de cinabrio, y a falta de barba, se había untado henna en el mentón y en las mejillas, lo que acentuaba el tinte moreno de su tez. Poseía las facciones típicas de los naturales de la región de Menfis: rasgos muy marcados, nariz prominente y ojos negros y saltones, de mirada profunda, con una expresión que resultaba amenazante para las personas de ascendencia griega. Había sido precisamente la visión de aquel mozalbete ostentoso lo que más había perturbado a los dos pontífices.

Tras un largo y acalorado debate, la improvisada asamblea de pontífices y catedráticos parecía inclinarse por aceptar la oferta de los magistrados, pero fue entonces cuando Olimpio dio pruebas de su arte oratoria. Con palabras encendidas de pasión contagió a sus oyentes y los convenció de que abandonar el Serapeo en esos momentos, con las huestes de Teófilo al acecho, equivalía a renunciar para siempre al templo. Daba igual que ellos mismos le prendiesen fuego. Podían encender antorchas y recorrer los aposentos en busca de todo cuanto fuese inflamable, para que el templo de los templos fuese pasto de las llamas, o podían atrincherarse, resistir el cerco y esperar a que los sitiadores abandonasen por aburrimiento. Tenían agua de sobra en las cisternas y en los pozos, los almacenes estaban repletos de alimentos y en los graneros había trigo suficiente para alimentar a cuatro legiones durante más de un año. Según sus cálculos, tendrían que atender a unas veinte mil personas. Había espacio de sobra para ellas. Habían venido a refugiarse al templo, esperaban la protección de Serapis. Protección que el dios había concedido. No podían oponerse ellos a la voluntad divina.

Olimpio impuso al fin su criterio. Todos acordaron enviar una embajada que transmitiese a los magistrados su alegría por la generosa oferta, que se veían obligados a declinar, muy a su pesar, porque tenían que celebrar las fiestas anuales del dios. Habían acudido los fieles de todas partes de Egipto y temían que se rebelasen si se rompía de manera tan abrupta con una tradición que se remontaba a siete siglos atrás. Animados por el deseo de colaborar con las autoridades en el mantenimiento del orden público, los pontífices de Serapis lamentaban no poder atender a los ruegos del prefecto y del conde.

Cuando los emisarios bajaron a transmitir la respuesta, los magistrados probaron esta vez con amenazas, pero los sitiados se mantuvieron en sus trece:

no saldrían del Serapeo. Entre idas y venidas de mensajeros portadores ora de promesas ora de intimidaciones pasaron las horas y se hizo de noche. La colina del Serapeo quedó rodeada de fogatas que la encerraron en un círculo de llamas.

Deseosa de respirar aire puro y de alejarse por un rato del laberinto de salones y pasillos atestados de gente que dormía en improvisadas yacijas, Hypatia subió con Claudio a la azotea de las dependencias del Museo. Advirtió entonces que se podía recorrer por el terrado todo el gran edificio cuadrangular que protegía el templo de Serapis. Era, en realidad, un inmenso recinto amurallado, y ahora se daba cuenta de que se encontraban dentro de una protegida ciudadela. Impulsada por un sentimiento de euforia, Hypatia alzó su diestra y se puso a señalar una tras otra las constelaciones, dirigiendo el índice hacia las distintas estrellas, cuyos nombres iba pronunciando con extraño fervor. Luego se entregaron a una animada charla sobre las relaciones entre las matemáticas, la música y la poesía. Por un mutuo acuerdo tácito, hecho de forma inconsciente, evitaron mirar hacia abajo y ni siquiera escucharon el pandemónium de voces, plegarias y risotadas que se alzaba desde la explanada.

Al rayar el alba se presentó en el Serapeo un capitán de ala de caballería y pidió ser recibido inmediatamente. Los centinelas lo condujeron a un salón y corrieron a avisar a pontífices y catedráticos. No tardó mucho en estar rodeado de un nutrido grupo de personas, que al igual que él, daban claras señales de no haber pegado un ojo en toda la noche.

El capitán les rogó que considerasen lo que iba a decirles como algo estrictamente confidencial. Les dio a entender que contaba con el beneplácito del prefecto augustal Evragius, pero que subir a verlos había sido una decisión personal. El hombre daba la impresión de encontrarse muy agitado y sometido a fuertes presiones. Vacilaba, como si no pudiese encontrar las palabras, y empezó sus explicaciones con rodeos, hasta el punto de impacientar a sus oyentes. Hasta que todos comprendieron que la torpeza oratoria del oficial se debía a las largas horas de miedo que acababa de pasar. Entre ellos se sentía aliviado, y ese alivio, de haber podido seguir su cauce natural, se hubiese manifestado en llanto.

La noche había estado jalonada de alarmas y angustias. Teófilo quería tomar por asalto el Serapeo y pretendía además que las tropas le ayudaran. Basaba sus demandas en el decreto del 16 de junio de ese mismo año, por el que se extendía a Egipto el decreto del 24 de febrero, que prohibió en Roma toda celebración de ritos paganos. Y era ese crimen precisamente el que los amotinados estaban a punto de perpetrar con las fiestas de Serapis, que comenzarían al despuntar el día. El patriarca exigía iniciar con el alba el asalto. La ley le respaldaba y tan sólo pedía que se aplicase.

Evragius y Romanus, al igual que la oficialidad de su estado mayor, coincidían en que no podrían contener a las huestes del obispo. Finalmente pudo llegarse a un acuerdo: enviarían una embajada para que les trajese la respuesta del emperador. Sería él quien decidiera. A regañadientes, Teófilo acabó aceptando esa solución. En esos momentos estaría zarpando del puerto de Kíbotos el trirreme más veloz de la armada. Pondría rumbo a Ostia, y desde allí los hombres de confianza del prefecto buscarían a Teodosio, que debía de encontrarse por el norte de Italia. Él personalmente les aconsejaba no abandonar el Serapeo. Era el único lugar de Alejandría donde podían sentirse seguros.

El sitio duró cincuenta y seis días. Ocho semanas durante las cuales se fueron engrosando las fuerzas del arzobispo. A la masa de cristianos fanáticos se sumaba la afluencia constante de monjas y monjes. Aldeas como la de Oxyrrinco, en las inmediaciones de Alejandría, quedaron vacías. Oxyrrinco se había hecho famosa por haber adoptado en masa el modo de vida monacal. Poseía doce iglesias y en ella vivían veinte mil vírgenes consagradas y doce mil monjes. El resto de la población era cristiana nicena. Libre de herejes y paganos, por las calles de Oxyrrinco retumbaban en todo momento las alabanzas a Dios. Y ahora esas alabanzas retumbaban en las explanadas que rodeaban el Serapeo. De esos cincuenta y seis días lo que Hypatia recordaría como el mayor tormento sería la algarabía infernal de padrenuestros, gloriapatris y letanías.

Cuando subieron los embajadores del prefecto augustal a comunicarles la decisión del emperador Teodosio, ni siquiera Olimpio pensó en desacatarla. Era terrible, pero en el fondo era magnánima. Quedarían indultados todos los que depusieran las armas. Como castigo, el Serapeo sería destruido, al igual que lo serían todos los templos paganos de Alejandría. En el edicto firmado por Teodosio se advertían sus esfuerzos por aplacar las iras de los cristianos. Aseguraba que al perdonar la vida a los ofuscados se les facilitaba la conversión a la fe verdadera. Los sitiados, que ya se habían hecho a la idea de que no saldrían de allí con vida, acogieron con alivio el decreto y se sometieron a su destino.

Acompañados del joven Claudio, padre e hija se sumaron a la apretada columna de personas que bajaba por los altos peldaños de la escalinata del Serapeo. Acataban así la orden de dejar tras de sí armas y posesiones. También la de utilizar esa única vía para salir del templo. Al llegar al pie de la escalera se encontraron con un pasillo formado por legionarios colocados hombro con hombro. Aquel pasillo humano, protegido a ambos lados por diez filas cerradas de soldados, llegaba hasta la misma puerta de Mareotis. Y a lo largo de toda la vía Soma, no sólo hasta su cruce con la avenida de Canopo, sino hasta al mismo puerto Magno, había soldados apostados en las aceras. Las calles por donde tenían que pasar los vencidos habían sido cortadas al tráfico, por lo que la columna avanzaba por la calzada, entre las miradas de simpatía y compasión de curiosos, oficiales y soldados.

Tardaron más de tres horas en llegar. Los tres se sentían sucios y desconcertados. Tenían la impresión de venir de un lugar remoto y se sentían como campesinos que llegaban por vez primera a una gran ciudad. Todo los deslumbraba. Padre e hija se abrazaron emocionados cuando entraron en el callejón sin salida que daba a la casa. Jamás les había parecido tan hermosa. La gran fachada de mármol con su puerta de roble y el portalón de la cochera les daba la bienvenida. Orientada hacia el mediodía, el sol penetraba en los aposentos durante el invierno, mientras que en el verano pasaba por encima del techo y la dejaba a la sombra. Los dos pórticos, el jardín y el huerto eran remansos de paz en una ciudad en la que se multiplicaba la violencia. Ahora la casa les parecía un ser vivo y querido al que habían echado mucho de menos.

De lo primero que se enteraron al entrar en la

casa fue de la muerte de Pappo. Había ocurrido hacía ya tres semanas. El anciano de noventa y dos años se había quedado dormido, recostado en un diván, y no volvió a despertarse.

Los criados les prepararon tres de los cuatro cuartos de baño que había en la casa, y necesitaron más de una hora para quitarse la suciedad acumulada en sus cuerpos. Lo que nadie pudo quitarles fue el miedo. Nunca habían vivido con tal intensidad el presente. Y de repente, Claudio se puso de pie, se despidió y dijo que volvería a tiempo de cenar con ellos.

No regresó hasta el atardecer del día siguiente, cuando de la cocina llegaban los aromas de los platos que se estaban preparando para la cena. Se presentó sudoroso y disfrazado de monje. Vestía un hábito negro con capucha y llevaba al pecho un gran crucifijo de bronce que le colgaba de un cordel sujeto al cuello. Hypatia se echó a reír y Teón le dijo que fuese a pedir a un criado una de sus túnicas.

Durante la cena les contó su odisea. Tras salir de la casa se había ido al puerto a comprar su nueva indumentaria. Fue a su casa a cambiarse y regresó inmediatamente al Serapeo. Vestido de esa guisa, pudo mezclarse entre la multitud de galileos enfurecidos y comportarse como si fuese uno de ellos. Rabiosos por no haber podido descargar su furia en los paganos acorralados, los hombres de Teófilo se habían desahogado con el templo y sus dependencias. Lo primero que hicieron fue echar abajo la estatua de Serapis. Un parabolano le cortó la cabeza con un hacha. Como hormigas mudándose de nido, la masa de monjes había entrado en todos los aposentos y los había saqueado. El patriarca mismo había tenido que emplear sus guardias y sus escoltas para impedir que los tesoros del templo fuesen a parar a manos que no fuesen las suyas. Logró imponer su voluntad gracias a una enérgica carga de los parabolanos, que dejaron a su paso un reguero de cadáveres. Los monjes dedicaron entonces su atención a las dependencias del Museo. En el patio del Serapeo amontonaron los volúmenes de la biblioteca y los instrumentos científicos de los institutos. Las dioptras y los astrolabios, los mesolabios y los odómetros, las reglas niveladoras y hasta los ábacos, todo se les antojaba artilugios del infierno. Cuando entraron en las salas del conservatorio, destruyeron los órganos hidráulicos y echaron sobre el montón de libros y de instrumentos científicos las flautas y las liras, los caramillos y los panderos. Para ellos aquellos objetos de Satanás eran la prueba evidente de que los herejes del Museo practicaban la brujería.

Una vez hecho el montón, comidos por la impaciencia, pretendieron derribar el templo. Pero no tardaron en darse cuenta de que la destrucción del templo sería una obra titánica que requeriría mucho tiempo y el arduo trabajo de artesanos especializados. Alguien tuvo la idea de coger todo aquello que habían ido acumulando y llevarlo hasta el estadio para hacer una hoguera y celebrar una misa de gracias al señor. Fue entonces cuando descubrieron la sala de disección anexa al departamento de cirugía. Quiso la mala suerte que el día anterior uno de los catedráticos de medicina practicase la autopsia a un cadáver para impartir una clase de anatomía a un grupo de alumnos. Descubrieron el cadáver unos monjes de un monasterio del desierto de Nitria. El abad que los capitaneaba advirtió inmediatamente que ahí tenían una prueba más de las prácticas impías de los demonios del Museo, que osaban profanar lo que era imagen y semejanza de Dios. Los clérigos quedaron tan espantados que no supieron qué hacer con el cadáver. Finalmente llamaron al obispo de su diócesis, quien les ordenó echar el cadáver sobre el montón de las cosas que iban a ser purificadas por el fuego.

Entonces, a la luz de la luna y de un sinfín de antorchas encendidas, se formó la procesión. La encabezaba Teófilo, acompañado de su sobrino y rodeado de los altos dignatarios eclesiásticos, de los veinte obispos de las diócesis de su patriarcado, que habían acudido de todas las ciudades de Egipto y la Cirenaica, y seguido de la guardia episcopal, de los escoltas y de un nutrido grupo de perreros armados. Y tras sus pasos, una multitud abigarrada de monjes, parabolanos, sacerdotes, religiosas, feligreses y simpatizantes, cargados de libros y de todos los demás objetos diabólicos que habían amontonado durante el día en el patio del Serapeo. Por delante de aquel nocturno desfile apocalíptico, a pocos pasos de distancia del patriarca, marchaban cuatro de los esclavos etíopes de Teófilo, negros como el azabache, hercúleos como Sansones, llevando en alto, sobre unas angarillas de junco, la cabeza cercenada de Serapis, a la que habían encasquetado un capirote de papiro, del que pendían cascabeles de bronce. Le habían colgado al cuello un escapulario, en cuyos dos extremos habían pintado en rojo sendos demonios con cuernos y rabos. Y así, acaudillada por la cabeza de un dios decapitado y precedida por el tintineo de unos cascabeles, en un mar de antorchas y crucifijos, descendió la procesión de creyentes por la carretera de la vertiente sur, bajando como una gigantesca pitón fosforescente, como un rosario encarnado en cantores de salmos.

Los fieles entraron en el estadio y fueron depositando su carga en el centro de la pista antes de distribuirse por las gradas. Detrás dejaron una montaña de libros, apilados junto con instrumentos científicos y músicos. Encima echaron el cadáver. Y junto a él colocaron la cabeza de Serapis. Muchos de los fieles, deseosos de estar junto a su patriarca, se quedaron plantados alrededor del cúmulo. Teófilo ordenó entonces a sus guardias que obligasen a la gente a retirarse. Con los bancos de las gradas ya atestados, el gentío se replegó por la pista hasta dejar en el centro una suerte de calvero abierto en un bosque humano.

Teófilo, vestido ahora con la capa consistorial, que ocultaba su armadura, y engalanado con los sagrados ornamentos litúrgicos, hizo una señal a unos sirvientes y éstos volcaron sobre los libros cántaros de pez griega. Otros los rociaron con perfumes de mirra y sándalo. Pidió luego una antorcha, que alzó con su mano izquierda, se hizo la señal de la cruz y permaneció inmóvil, con la antorcha en alto y los brazos tendidos al cielo. Era el filo de la medianoche. En ese instante todas las iglesias de Alejandría echaron al vuelo sus campanas. El patriarca tiró la antorcha sobre el improvisado domo.

Se produjo un silencio sepulcral, sólo interrumpido por el crescendo de los chisporroteos, pero a medida que se alzaban las llamas, animados por el ronco vozarrón del patriarca, los fieles entonaron el padrenuestro.

Sentado en las gradas, Claudio recordaba que, pese a haberse quedado sobrecogido de espanto ante la magnitud de aquella destrucción, no pudo menos de preguntarse, al ver arder el cadáver, quién sería aquel hombre al que el destino había concedido la más espléndida, la más magnífica y la más culta de todas las piras. No dejaba de pensar en aquel ser anónimo cuyo cuerpo tuvo una contribución modesta al desarrollo del saber y en el mismo saber tuvo su hoguera.

Ese mismo día había comenzado la demolición de todos los templos que los galileos llamaban paganos. Los más bellos de la ciudad. Por doquier se oía el siniestro golpeteo de las piquetas. Los hombres del patriarca las manejaban con la pericia de los sepultureros. Eran enterradores de lo excelso. Ahora lo único que se podía hacer era permanecer en casa. Mientras el hogar fuese un lugar seguro. Olimpio ya había salido huyendo de la ciudad. Le había dicho que se refugiaría en su Cilicia natal, quizás en alguna apartada aldea.

Mientras los escombros cambiaban la faz de Alejandría y Teófilo acumulaba riquezas tras riquezas con el saqueo de los templos, padre e hija se encerraron en casa. Pasaban horas enteras sentados a la sombra del peristilo del huerto, con la mirada fija en el chorro de agua de la fuente. A veces Hypatia trataba de animar al padre tocando la flauta, pero pronto advirtió que aquello le entristecía aún más, pues le recordaba a la esposa muerta. Lo único que le distraía era la lectura de las cartas que Séneca dirigió a su amigo Lucilio. Las leía una y otra vez y permanecía luego absorto, reflexionando. Aumentó la frecuencia con que enviaba al mercado del puerto a uno de los criados para que le trajese una cápsula de cerámica en forma de amapola con pasta de opio de Chipre. Se volvió taciturno, empezó a padecer de insomnio y comenzó a quejarse de dolencias estomacales. Solía quedarse amodorrado, cosa que le desesperaba porque le impedía leer.

La única distracción que tenían padre e hija eran las repetidas visitas del joven Claudio, que siempre les leía su último poema y los mantenía informados de cuanto ocurría en Alejandría y en el resto del Imperio. Pero un día Hypatia tuvo que rogarle que se abstuviese de las noticias, al menos en presencia del padre. La última le había sumido aún más en el abatimiento.

Fue a principios de noviembre del 392, un año después de la destrucción del Serapeo. Por decreto del día 8 de ese mismo mes, Teodosio pronunció su interdicción sobre todas las religiones y equiparó las ofrendas a los dioses con el delito de lesa majestad. De hecho, dictaba sentencia de muerte contra todos aquellos que no fuesen cristianos nicenos. Poco antes había dictado su prohibición expresa de todas las deidades del Nilo.

Quiso la casualidad que ese año creciese poco el Nilo, por lo que se dieron unas cosechas miserables. La gente pasó hambre. El pueblo atribuyó la desgracia a la muerte de sus dioses. Teodosio adujo que era preferible morir de inanición en la tierra que consumirse durante toda una eternidad en el fuego del infierno. Pensó el emperador que aquel castigo divino tuvo que deberse a la inmoralidad reinante, por lo que, para ayudar a sus súbditos a respetar los preceptos de la Iglesia, prohibió terminantemente los juegos en todas las provincias de su Imperio. De ahí en adelante los juegos se considerarían ritos paganos, sujetos a la pena por delito de lesa majestad. Desterrado el teatro, condenada la música y anatematizadas ahora hasta las carreras de carros, la única diversión que quedaba era la pantomima en un mundo que cada vez parecía más la pantomima de sí mismo.

A raíz de esa noticia el padre comenzó a adelgazar. Perdió el apetito y solía vomitar los alimentos que con tanta paciencia le obligaba a ingerir la hija. La cocinera probó a alimentarlo con miel de brecina y le preparaba infusiones de retama blanca, pero nada parecía hacerle efecto. Desesperada, Hypatia se puso a estudiar a Hipócrates. Era la primera vez en su vida que leía libros de medicina, y dio con una receta que utilizaba el sabio jonio en aquellos casos en que los pacientes no toleraban alimento alguno. Ella misma se metió en la cocina, molió granos de cebada, preparó una sémola basta y la coció a fuego lento en un caldero. Luego la filtró con un paño de lino. Aquella papilla sería lo único que ingeriría el padre tres veces al día. La salud de Teón mejoró notablemente. Su cuerpo parecía reaccionar, pero no su mente. Rememoraba constantemente el pasado, del que sólo elegía las escenas más tristes. Hablaba mucho de Pappo y repetía una y otra vez que había muerto de pena. Pero a Hypatia le parecía que quien se estaba muriendo de pena era el padre.

Un buen día se le metió en la cabeza que tenía que hacer un ayuno. Si los médicos curaban toda suerte de dolencias con ayunos prolongados, incluso de hasta cuarenta y cincuenta días, él bien podía tratar de abstenerse de comer al menos durante dos semanas. Se quedó en los huesos y tuvo que guardar cama, pero se le veía muchísimo más animado. Había cumplido las dos semanas de ayuno cuando hizo venir a la hija a su dormitorio y habló con ella largo y tendido. Había estado reflexionando mucho sobre los tiempos que corrían. Le horrorizaba la idea de que pudiese cernirse sobre ella una tragedia. Le aconsejaba encarecidamente que dejase las matemáticas y procurase pasar lo más inadvertida posible. Hoy los galileos todavía seguían demasiado ocupados en combatirse los unos a los otros. Derruían templos y quemaban sinagogas, pero las persecuciones se dirigían contra los que ellos tenían por herejes dentro de sus propias filas. Aún tenían un largo camino que recorrer para implantar su ortodoxia católica. Pero llegaría el día en que lo lograrían, y ese día no sólo quemarían en sus hogueras a los priscilianos y a los pelagianos, a los donatistas y a los origenistas, sino que quemarían también a los científicos. Los ataques contra la ciencia se volvían cada vez más virulentos. Ella no tenía ninguna necesidad de darse a conocer por sus investigaciones. Si quería proseguir sus estudios, si no se veía con fuerzas para renunciar a las matemáticas, podía hacer lo mismo que hizo su madre con la música: relegarla a la privacidad hogareña.

Al día siguiente, mientras Hypatia estaba estudiando en su despacho, el padre pidió que le preparasen un baño de vapor. Lo encontraron tendido en el suelo de mármol. El médico de cabecera explicó a Hypatia que un baño caliente, de vapor o de agua, era la forma más segura, quizá la única, de morir mientras se realizaba un ayuno, pues el corazón no soportaba el esfuerzo adicional y dejaba de latir. Y a Hypatia siempre le quedaría la sospecha de si el padre estaba al corriente de ese mecanismo fisiológico y se había quitado la vida de un modo consciente. Teón murió en el verano de 393. No habían transcurrido dos años desde la destrucción del Serapeo, del Museo y de la Biblioteca Filial. Murió relativamente joven, a la edad de sesenta y cuatro años.

Claudio Claudiano multiplicó entonces sus visitas. No pasaba un sólo día sin que el joven se presentase en la casa y tratase de animar a Hypatia. A veces prolongaban tanto sus charlas de sobremesa después de la cena, que la mujer se negaba a dejarle salir a la calle a altas horas de la madrugada, y le obligaba a echarse a dormir en uno de los aposentos dedicados a los huéspedes. Claudio decía que estaban adoptando costumbres neronianas, al juntar prácticamente la cena con el desayuno.

Un día de principios de octubre, Claudio se fue a su casa, pero regresó muy agitado al cabo de algunas horas. Se dirigía de vuelta al hogar cuando de un zaguán de la calle en que vivía salió uno de sus criados y le obligó a volver sobre sus pasos. Ya en la esquina, le pidió que corriese con él. Cuando se encontraron a una distancia que el sirviente consideró prudente, éste le explicó que una partida de parabolanos había entrado por la fuerza en la casa. Habían reducido a la servidumbre y ahora estaban esperándolo. Llevaban allí cerca de seis horas y habían bebido y comido tanto, que todos estaban ya borrachos y algunos hasta se habían quedado dormidos. Fue eso lo que le permitió deshacerse de las ligaduras, huir y agazaparse en el zaguán, ya que tenía miedo de no poder avisarle si se alejaba más de la casa. Uno de los hombres, el cabecilla, había estado registrando la biblioteca en busca de un libro de versos. Al sirviente le había extrañado mucho que aquel fraile se interesase tanto por la poesía, pero no le cabía duda alguna de que era eso precisamente lo que andaba buscando.

Claudio recordó su último libro publicado y pensó que si le aplicaban cualquiera de las leyes teodosianas, tendría igual destino que la estatua de Serapis. No pudo menos que echarse a reír al darse cuenta de que los galileos pensaban divinizarlo, ya que le deparaban una suerte equiparable a la de los dioses. Pero Hypatia se asustó y le rogó que no se le ocurriese salir a la calle. Allí estaría a salvo hasta que se calmasen las cosas.

Esperaron tres días y enviaron a uno de los criados, disfrazado de vendedor ambulante, para que se informase de cuál era la situación en la casa de Claudio. Los parabolanos aún seguían allí. Al parecer pensaban utilizarla como su cuartel general.

Cada día que pasaba, Claudio se ponía más nervioso. Le atormentaba el hecho de que por culpa suya podrían venir a detener a Hypatia. La estaba comprometiendo y eso era algo que no podía perdonarse a sí mismo. No podía seguir abusando de esa hospitalidad. Y un día de mediados de noviembre, tras haber pasado una larga velada de charla con Hypatia, le dijo que esa misma tarde, en cuanto oscureciera, se iría de la ciudad. Le confesó que al principio no sabía adónde dirigirse, hasta que uno de los ex pontífices del Serapeo le recomendó seguir los pasos de muchos intelectuales y abandonar definitivamente los confines del Imperio romano. De momento iría a refugiarse en casa de un amigo en Jerusalén, desde donde prepararía la huida. Había decidido solicitar asilo político a las autoridades persas.

Claudio se despidió al atardecer y partió para el exilio. Hypatia, para quien las paredes de la casa rezumaban ahora soledad, buscó consuelo en las obras de su venerado Diofanto. Pero no podía concentrarse como antes en una sola materia. Pasó del álgebra a la geometría, luego a la mecánica y de ahí a la astronomía, y acabó revisando el cuaderno en que el padre llevaba el registro de los eclipses solares. Sería a mediados de noviembre cuando cotejó detenidamente las notas, se sumió en cálculos y advirtió que faltaban sólo unos días para que se produjera un eclipse solar en Alejandría.

En la mañana del 20 de noviembre del año 393, Hypatia entró en el despacho del padre y cogió el bello cuaderno de tapas de cuero verde que tanto le impresionara de niña. Pensaba seguir en él las anotaciones del padre.

Subió hasta el torreón de la casa, colocó el cuaderno en la mesa abarrotada de instrumentos astronómicos y lo abrió en la última página escrita. Se sentó en un taburete, afiló una pluma, introdujo la punta en el tintero y se dispuso a escribir la fecha y la hora en que comenzaba sus observaciones. Pero cuando iba a dar el primer trazo en el papel, le pareció que cometería un sacrilegio. Pensó que era su deber dejar el cuaderno tal como lo había dejado su padre y comenzar uno nuevo. En esos momentos no había nadie más en Alejandría que pudiese proseguir la obra del padre. Ella tenía que hacerlo.

PARTE TERCERA

El cuervo negro

CAPÍTULO VII

El desafío

Durante la noche habían tocado a muerto las campanas de las iglesias de Alejandría. El monótono y acompasado cencerreo, con sus enervantes resonancias de ultratumba, apenas le había permitido conciliar el sueño. Nunca llegaría a acostumbrarse del todo a ese ruido infernal con el que los galileos anunciaban a cada instante su presencia eterna. Entre los toques del alba, la plegaria y las ánimas se sucedía el campaneo de los clamores, los ángelus y las oraciones. Pocos eran los momentos de descanso entre las agonías y los repiqueteos. Era como si por las calles de la ciudad se paseasen rebaños de vacas. En más de una ocasión Hypatia tenía que hacer grandes esfuerzos para abismarse en su trabajo.

Tan habituada estaba al molesto estruendo de fondo, que no otorgó ninguna importancia al insistente tintineo de aquel toque de difuntos. Fue por la mañana, al levantarse, mientras se encontraba de pie en la cocina, desayunándose con un puñado de dátiles, cuando le dio la noticia una de las criadas, que regresaba de comprar leche fresca: Teófilo había muerto.

Lo primero que sintió fue alegría. Para ella el patriarca había sido el responsable de la muerte de su padre. Lo tenía por su asesino. Luego le asaltó la incredulidad. Desde niña recordaba a Teófilo apoltronado en el trono episcopal, desde sus quince años de edad. Habían transcurrido veintisiete años. Llegó a creer que era eterno y omnipresente, al igual que las incesantes campanadas.

Después sintió el impulso de salir a pasear por las calles de la ciudad. Quería cerciorarse de que ahora el aire era más puro. Mandó preparar la litera y subió a toda prisa a su dormitorio a cambiarse de ropa. Pensaba elegir sus mejores prendas, aparecer en público lo más elegante que pudiera. Se pondría una túnica azul, para que su larga melena dorada resaltase como un sol en el cielo. Y unos zapatos de tacón alto, confeccionados con cuero de ante teñido de un verde intenso y provistos de gruesas plantillas de corcho para hacerla más alta. Aunque no solía llevar joyas, esta vez luciría un collar y unos pendientes de esmeraldas engarzadas en oro. Quería deslumbrar con su presencia.

Cuando se contemplaba, con gesto de satisfacción, en el gran espejo que colgaba en la parte interior de la puerta del armario, una de las criadas, sin tocar antes siquiera para avisar de su presencia, entró corriendo en la habitación. Parecía agitada y compungida. Al ver a Hypatia, se le iluminó el rostro y no pudo ocultar un grito de admiración. No estaba acostumbrada a verla arreglada de ese modo. Con el correr del tiempo, su ama ganaba cada vez más en belleza. Esa mujer de cuarenta y dos años parecía incluso más hermosa que a los veinte. Era un orgullo servir a una mujer así.

Hypatia tuvo que preguntarle por qué había entrado de forma tan intempestiva si no tenía nada importante que comunicarle. Pero sí lo tenía. Sentía mucho decirle que no podría salir de casa. Acababan de regresar los criados que habían ido de compras al mercado del puerto. Por las calles de Alejandría se libraban encarnizados combates. Monjes contra monjes, sacerdotes contra sacerdotes, obispos y abades de capitanes en ambos bandos. Los demonios parecían haberse escapado de los infiernos. Las huestes de Cirilo se enfrentaban a las del archidiácono Timoteo para ver cuál de los dos ocuparía el trono episcopal. Hasta los perros habían buscado refugio en las casas.

Hypatia hizo un gesto de resignación y se dirigió con paso firme a la azotea. No le gustaba subir al terrado de la casa. En la terraza siempre se acordaba de su madre apuntando con el índice hacia el faro, hacia la desaparecida efigie de Poseidón, el día en que la llevó de paseo al Cinareo, poco antes de su muerte. Solamente iba allí de paso, cuando trepaba por la escalera hasta el torreón. Siempre lo hacía de noche, y no para pasar un rato, sino para observar el firmamento.

Le sorprendió el magnífico panorama que se divisaba de día desde el techo de la casa. Pero sólo podía distinguir con claridad las instalaciones del puerto, pues todo lo demás era un ancho mar de tejados. No podía ver las calles, aunque le llegaba a los oídos el fragor de los combates. Contempló con aprensión la paredilla que tantos recuerdos le traía de su madre y tuvo que hacer un esfuerzo para acercarse y apoyarse en ella. Hincó los codos en el remate de mármol, apoyó la barbilla sobre sus puños apretados y se quedó contemplando el horizonte.

Tenía la impresión de que era la primera vez que se tomaba un descanso desde hacía muchísimos años. El tiempo parecía haber volado. Ayer, había sido ayer cuando murió el padre y Claudio partía para el destierro. Ayer había dado su última clase en el Museo. Y luego vino el vacío, repleto de trabajo. Había sido ayer cuando perdió todo lo que más quería, lo que más la llenaba. Y esa pérdida estaría asociada siempre al patriarca por el que esa noche habían doblado las campanas.

Teófilo había sido un ser terrible, sanguinario. Había cambiado totalmente la faz de Alejandría. Cumpliendo a rajatabla la orden de Teodosio, no había dejado ni un solo templo en pie. Los desmontó piedra a piedra para construir sus iglesias. Tres juntas edificó donde se alzaba el Serapeo. Y luego se echó a reír, diciendo que Serapis se había convertido por fin al cristianismo. Destruyó todas las estatuas de los dioses, todas menos una, que ordenó colocar en la antigua explanada del Serapeo para burla y escarnecimiento de las religiones ancestrales.

Cuando se lo dijeron, movida por la curiosidad, Hypatia había ido a verla, pese al cúmulo de tristes recuerdos que le evocaba aquel lugar. Se trataba de una representación de Anubis, dios de los muertos y conductor de las almas. Era una estatua muy extraña, pues la deidad no aparecía representada con su habitual cabeza de chacal, sino que el artista, en un arrebato creador, había dado a la divinidad forma de perro con cabeza de mono. Quizá fuese así como veía Teófilo las estatuas de Venus y Apolo.

Había sido un hombre iracundo. Nunca olvidaría los relatos que circularon por la ciudad sobre su enfrentamiento con los monjes del desierto de Nitria. Un presbítero llamado Isidoro pretendía distribuir entre los pobres la herencia que había dejado a su monasterio una viuda acaudalada. Teófilo reclamó la fortuna. Isidoro se negó a entregársela. El patriarca, al mando de una horda de monjes y sirvientes borrachos, entre los que se encontraban sus esclavos etíopes, dirigió el asalto en plena noche. Estranguló con sus manos a un anciano, al venerable sacerdote Amón, que tuvo la desdicha de ser el primero en salirle al paso; saqueó después el convento, junto con la espléndida biblioteca, y terminó su obra quemando vivo a un joven ordenando.

Y ahora ese monstruo estaba muerto. Apenas podía creerlo. Alzó la cabeza y se sacudió la melena, como si estuviese desembarazándose de una suciedad largamente acumulada en su cuerpo. Bajó a la primera planta y entró en el recibidor. Era demasiado grande, como todo lo relacionado con el bisabuelo, quien lo había mandado construir cuando amplió la casona. Era tan enorme, que no servía para recibir a los visitantes, a quienes siempre se atendía en la sala de estar. Pero cuando el padre contrajo matrimonio, el recibidor fue convertido en un salón de música. En él daba la madre sus «conciertos clandestinos», como ella decía. Al morir surgió entre padre e hija el acuerdo tácito de no profanarlo. Durante muchos años ni siquiera los criados habían entrado a quitar el polvo.

Hypatia se sentó en uno de los pupitres que había en el salón y se quedó mirando la tarima que había servido de escenario a su madre. Se sonrió al recordar el día en que por fin había vuelto a entrar al recibidor después de la muerte de su madre y de Teón. Tenía entonces la ingenuidad de la juventud y el convencimiento de que nada había en el mundo que ella no pudiera lograr.

Tras la muerte del padre y el exilio de Claudio, se había pasado cerca de un año sumida en el abotargamiento. Creía haber caído hasta el fondo de un abismo del que jamás volvería a salir. Se encerró en la casa y acabó dando a entender que no deseaba visitas. Trataba de estudiar, pero era incapaz de concentrarse. Los libros la aburrían. Tocar la flauta la sumía en un estado tal de melancolía, que terminó por rehuir los instrumentos musicales como si fuesen agentes portadores de la peste. Para distraerse, se pasaba horas enteras jugando a las damas con los criados, un juego que le había parecido demasiado pueril de niña. Un día envió a uno de los sirvientes a la librería del armenio para que le comprase una enciclopedia. El padre se hubiese escandalizado: tenía prohibidas las enciclopedias en su biblioteca.

Se aficionó a hojear aquel mamotreto de treinta tomos, leyendo un artículo aquí y otro allá, saltando en todo momento de un tema a otro. Llegó a enviciarse tanto con su lectura, que hizo que le trajesen toda una colección de enciclopedias. Esas obras pronto se convirtieron para ella en algo más vital que los alimentos. Las necesitaba para seguir viviendo.

Y un buen día, aún no sabía cómo ni por qué, se levantó de la cama, se miró en el espejo y dijo a su imagen: «Si el Museo ya no existe, el Museo seré yo». Luego ordenó a los criados que limpiasen el salón de música y que fuesen a encargar a un carpintero una pizarra que ocupase toda la pared del escenario, dos docenas de pupitres y un gran escritorio.

Una vez que tuvo convertido el salón de música en un aula, hizo correr la voz de que Hypatia, hija de Teón y catedrática de trigonometría del instituto de matemáticas del Museo de Alejandría, reanudaría las clases que se había visto obligada a interrumpir temporalmente por causas de fuerza mayor. Los pupitres pronto se llenaron de alumnos; algunos de ellos, antiguos discípulos suyos. Y pronto pudo comprobar cuánta razón tenía el padre cuando le repetía que el mejor método para dominar una disciplina consiste en enseñarla.

Pasó la mirada por los pupitres vacíos y empezó a llenarlos mentalmente con la legión de discípulos que había pasado por ese viejo salón de conciertos. Había tenido alumnos de todas las razas y de todas las creencias. También de todas las capas sociales. Incluso, haría ya de eso unos ocho años, había dado clases al prefecto augustal Pentadio y al decurión Heliodoro. De algunos había llegado a encariñarse. Recordó a un tal Gayo, cordobés, alegre y rebosante de simpatía; a un sirio llamado Herculeano; un seléucida del que había olvidado el nombre, y a un tal Isidoro, alejandrino como ella. Y estaba también un tal Sinesio de Cirene, del que se enteró que fue nombrado obispo de Tolemaida y que no cesó de enviarle cartas de admiración hasta que la intolerancia que le carcomía acabó siendo su perdición. Fue uno de los muchos que se habían prendado de ella. Aquellos enamoramientos no dejaban de halagarla, pero los tenía por innecesarios, importunos y molestos.

Quizá de todos sus discípulos fuese Sinesio el que más disgustos le había causado. Hombre de despierta inteligencia y de exquisita cultura, se interesaba sobre todo por la mecánica. La acribillaba a preguntas sobre la construcción de instrumentos científicos. Cuando lo tuvo de alumno, le había ayudado a construir un hidrómetro, un alambique y un astrolabio, y quizás algunos aparatos más de los que ya no se acordaba. Años más tarde le comunicaría, en una ampulosa carta rezumante de orgullo, que había ideado un nuevo tipo de catapulta y que le correspondía el honor de haber descabezado al obispo germano durante el asedio a una ciudad rebelde en el interior de Tracia. El proyectil disparado con su catapulta había decidido la suerte en el asalto. Hypatia se había horrorizado al pensar en las consecuencias de sus clases de mecánica.

En su religiosidad no le había parecido especialmente fanático. Adepto a la corriente filosófica que arrancaba de la academia platónica, estaba convencido de que en ella se encontraba la base natural del cristianismo, pero sentía un odio profundo por todos los pueblos a los que se tiene por bárbaros. Alardeaba de ser romano y despreciaba al resto de la humanidad. Quizá le hubiese gustado ser de ascendencia griega y tener la piel tan blanca como la nieve. Pero había nacido en el norte de África y su tez era oscura; su nariz, aguileña, y sus ojos eran negros como la noche. Tal vez por eso abrigaba aquel rencor profundo hacia los germanos, de los que decía que ni siquiera servían como esclavos.

Cuando murió el emperador Teodosio, Sinesio se sintió llamado a encabezar el movimiento antigermano. Partió para Constantinopla y trató de convencer al nuevo emperador de que era necesario quitar a esos bárbaros rubios la ciudadanía romana, dejar de considerarlos como aliados, desarmarlos y crear nuevamente un auténtico ejército romano. Un ejército que pudiese aniquilarlos.

A través de otros discípulos le habían llegado por aquel entonces algunos de los discursos de Sinesio. Le entristeció la virulencia de los mismos. Y luego vino aquel suceso que la tuvo varias noches sin dormir. Su discípulo había dirigido en Constantinopla un ataque a una iglesia arriana. Sus hombres la sitiaron, treparon a lo alto del templo, quitaron el tejado y masacraron a los feligreses arrojándoles piedras y vigas encendidas. Ocho mil visigodos murieron aplastados o abrasados; entre ellos, una gran multitud de mujeres, ancianos y niños. Pensaba en Sinesio y se resistía a creer que aquel joven educado, pulcramente vestido y que siempre olía a un perfume de rosas mezcladas con azafrán y abelmosco, hubiese sido el mismo que instigó y organizó el holocausto. Recordaba que se pasó unos días meditando sobre la naturaleza humana para regresar a las matemáticas más desconcertada que nunca.

Al volver a Alejandría, Sinesio se había hecho nombrar obispo por el patriarca Teófilo, con la condición de que le permitiera contraer matrimonio y tener un montón de hijos, y había partido después para su diócesis de Tolemaida. Allí, a falta de visigodos, había declarado la guerra a las tribus del desierto. En sus sermones, refiriéndose al pueblo de los asurianos, decía cosas tan asombrosas como: «Feliz aquel que descargue en ellos su venganza; feliz quien pueda apoderarse de sus hijos y estrelle sus cabezas contra las piedras». Aquel hombre, para quien «la espada del verdugo contribuía tanto a preservar la pureza de los ciudadanos como el agua bendita a la puerta de las iglesias», terminaría estúpidamente sus días en una de sus incursiones contra los pueblos del desierto. Había sido, sin duda alguna, uno de sus más singulares discípulos.

Hypatia se levantó del pupitre, salió al pasillo y se dirigió al triclinio del peristilo del huerto. Quería tumbarse en un diván, reclinarse cómodamente en unos cojines y beber una cerveza. Tenía sed. Quizá también algo de hambre.

Poco después, mientras saboreaba una jarra de cerveza y se llevaba distraídamente a la boca unos calamares rellenos de pasta de hígado de oca cebada, fue consciente de que no recordaba cuándo había estado por última vez en esa parte tan acogedora de la casa. ¿Habría sido aquella tarde en que compartió con Claudio la cena de despedida? Se había acostumbrado a comer de pie o a ir a la cocina para que le sirvieran en cualquiera de las mesas o a que le trajesen los alimentos al despacho cuando estaba trabajando. Allí le colocaban el plato sobre el escritorio y en más de una ocasión permanecía a su lado olvidado.

Ese día cenaría en el triclinio. Pidió a una criada que le trajese un aperitivo, quizás unos puerros tiernos con salsa de ostras y aquel vino que tan bien preparaba la nueva cocinera hebrea, con miel, azafrán, canela y pimienta, unas hojas de laurel y dátiles triturados, y un pellizco de resina para darle un ligero toque amargo. Ordenó que la atendiese la criada que le había dado la feliz noticia esa mañana.

Se sentía asombrosamente relajada y se entregó al disfrute de ese lánguido permanecer sin hacer nada en el que se tiene la sensación de aprovechar más que nunca el tiempo. No podía quejarse del pasado. Le había tocado vivir una época turbulenta, que nada tenía de bella, pero había sabido encontrar la manera de vivirla. Se habían producido en esos años acontecimientos únicos, terribles, pero ella había sabido afrontarlos. Muchos se habían suicidado.

Hypatia nunca olvidaría la fecha del 5 de septiembre del año 394 cuando Teodosio derrotó a Occidente en la batalla del río Frígido. Allí murió toda esperanza para el helenismo. Muchos senadores romanos se quitaron la vida. Había sido la primera batalla librada por causas religiosas en toda la historia de la humanidad. Un mundo nuevo, espantoso, había empezado. Para ella había sido algo más: la superstición asiática había triunfado sobre el racionalismo europeo. Creía recordar que fue aquel suceso lo que la hizo despertar de su letargo. Había sido entonces cuando se levantó una mañana, se miró al espejo y exclamó: «¡El Museo soy yo!». Si tenía que morir, lo haría luchando.

Todo lo que siguió fue anecdótico. Teodosio unificó el Imperio en su persona y murió al año siguiente. Dividió sus dominios entre sus dos hijos, como el pastor que reparte sus rebaños. Los dos nuevos emperadores no eran más que niños. Al igual que lo fueron los dos emperadores siguientes. El que a ella había tocado en suerte, hacía ya cuatro años, no tenía más que siete cuando fue coronado. Y con los emperadores niños aumentó el poder de los obispos. Para ella, Teófilo había sido más importante que Arcadio y Teodosio II.

Anecdótico fue también, hacía dos años, el saqueo de Roma por el visigodo Alarico. Aquel general había combatido en las filas de Teodosio. Los soldados a su mando habían dado a Teodosio la victoria en las riberas del Frígido. Merecía una recompensa y no el desprecio de los hijos del difunto emperador. Por eso se desquitó y arrasó Roma. El mundo entero puso el grito en el cielo, todos hablaron de apocalipsis, pero ella había dejado de interesarse por sucesos que en nada dependían de su voluntad y en los que en nada podía influir. Eran acontecimientos repetitivos, monótonos, aburridos. No podía sumarse a las legiones de plañideras. Tenía que hacer algo distinto.

Como un atleta que entrena los músculos de su

cuerpo con ejercicios ligeros antes de lanzarse a la competición, Hypatia publicó sus *Tablas astronómicas*, luego un manual sobre la construcción de astrolabios y algunas otras obras menores. Y cuando años después editó *Aritmética*, el mundo erudito no salía de su asombro. Allí, en Alejandría, las matemáticas florecían de nuevo. Diofanto había resucitado. Quien quisiera aprender, tendría que ir a Alejandría. De la noche a la mañana había pasado a ser la sabia más famosa de su época, y su casa, la ansiada meta de los científicos convertidos en peregrinos.

Pero nada de aquello fue equiparable a la repercusión que había tenido su última obra, *De las cónicas*. El mismísimo prefecto augustal Orestes había venido a su casa a felicitarla. Le había dicho que era la gloria de la ciudad y que pronto se hablaría de ella como de la Octava maravilla del mundo, pues su luz llegaba hasta confines inalcanzables para el faro de Alejandría. Orestes se había convertido en uno de sus discípulos más asiduos. Solía ir a su casa o le enviaba una carroza oficial, escoltada por lanceros, para que la llevase al palacio de la prefectura. Entre ellos había surgido una bella amistad.

La mujer saboreaba interiormente aquellos triunfos y quiso celebrarlos con una copa más de vino, pero al tratar de escanciarlo advirtió que la jarra estaba vacía. Llamó a la criada y le pidió que buscase algo especial en la bodega. Al poco rato se presentó un criado con un ánfora de vino de Tasos en cuyo sello, bajo el nombre de los viñedos, del lugar de los mismos y del vinicultor, aparecía registrada la fecha de envase: era un vino añejo de quince años de maduración. La criada sabía que a su ama le gustaba esa clase de vino tinto que desprendía un fuerte aroma de manzana. Pidió que lo destapasen, y el criado le preparó una mezcla de dos partes de vino por cinco de agua.

Le dispusieron luego sobre una mesita los entremeses, servidos en cazuelillas de cerámica y cortados en pequeños trozos que podían cogerse cómodamente con los dedos, y en el centro de la mesa, un cuenco de madera de olivo lleno de agua en la que flotaban pétalos de rosas y florecillas de jazmín. Empezaba a oscurecer y le encendieron velas de cera perfumada, sostenidas por candelabros de plata. La claridad del crepúsculo, que pugnaba por no dejarse vencer por la luz que irradiaban las velas, imprimió a la atmósfera tintes de irrealidad.

Una ligera brisa proyectó un juego de sombras sobre las aceitunas adobadas, los pequeños bocados de faisán rociados con miel y semillas de amapola, los huevos de pavo real rellenos de una pasta de caracoles triturados y condimentados con garum, los cogollos de lechuga con salsa de jengibre y la ensalada de ciruelas con yema de huevo envuelta en especias. Hypatia se sonrió al darse cuenta de que su servidumbre había adivinado antes que ella sus intenciones de darse un buen banquete. No se extrañó después cuando le sirvieron unas pintadas al horno, asadas junto con una mezcla de aceite, tomillo, laurel, cebollinos y manzanas, y acompañadas de unos picadillos de pescado con pistilos de azafrán, elaborados con caldo de caballa, yemas de huevo, eneldo, apio picado, tiritas de cebolla, ajo, pimienta y sal. De postre le habían preparado hojaldres rellenos de pasas y nueces.

Pensó que si al día siguiente amainaba la revuelta, haría que la condujesen en litera a dar un paseo por las orillas del lago Mareotis. No recordaba desde cuándo se había acostumbrado a ir en litera. Habría sido en alguno de aquellos innumerables momentos en que el trabajo se le acumulaba y la resolución de un problema particularmente difícil se le resistía. Descubrió entonces que yendo en litera se le despejaba la mente y podía echar mano en todo momento de sus apuntes y de sus tablillas enceradas. Después se hizo instalar una mesita plegable y ya no necesitó recurrir al estilo y a las tablillas para hacer sus cálculos, sino que dispuso cómodamente de una pluma y un tintero y pudo utilizar su clase de libreta preferida: encuadernada en ante y de hojas gruesas y blancas como la nieve. Ya no desperdiciaba su tiempo durante los desplazamientos; era como estar en su gabinete de trabajo y gozar a la vez de los placeres de un viaje de recreo.

Algunos amigos se asustaron y le advirtieron del peligro de ese hábito. Desde hacía siglos ser llevado en litera era símbolo de ostentación. Ya el simple hecho de que atravesara las calles de la ciudad no pasaba inadvertido: atraía demasiado la atención, y hasta los niños se interesaban por ella. La gente se detenía a su paso y prorrumpía en vítores. Estaba en boca de todos. No había nadie que desconociera a la famosa hija de Teón. Despertaba admiración, pero también envidias y rencores. Y eso en unos momentos en que un tal Agustín de Tagaste, obispo de Hipona, llamaba a la destrucción total del paganismo y superaba al mismo Pablo de Tarsos en sus ataques virulentos contra todos los estudiosos de la naturaleza. Tendría que ser algo más precavida, o acabarían acusándola de brujería.

Hypatia siempre se encogía de hombros y respondía que no tenía la menor intención de renunciar a uno de sus métodos preferidos de trabajo. Ni siquiera se daba cuenta de que esa costumbre suya pudiese ser tenida por jactancia. Estaba demasiado ocupada para fijarse en tales nimiedades. Pero a veces, a solas, tenía que confesarse que quizá tuviesen razón y que era muy probable que quisiera restregar en la cara a los galileos el poder de la sabiduría, demostrarles que no les tenía miedo y que nada había que pudiesen hacer contra ella, porque era intocable y gozaba de la impunidad que otorga la fama. Quizá quisiera alardear. Para eso se lo había ganado.

Cenó con parsimonia, eligiendo cada bocado como si el acto de llevárselo a la boca fuese un complejo problema algebraico. La noche alejandrina la envolvía en su sensualidad. Las escenas del pasado se agolpaban en su mente y surgían entonces de sus encierros los recuerdos más recónditos, los que creía olvidados y los que siempre había querido olvidar. Evocaba sucesos ocultos, desterrados, y se esforzaba por traer a la memoria momentos relegados a las zonas más profundas de su ser. Había librado feroces batallas consigo misma para enterrar vivencias que le dolían y ahora rebuscaba en su interior en un intento desesperado por verlas aflorar.

Sentía una gran lucidez y el convencimiento de que no habría problema en el mundo que no fuese capaz de resolver. Por vez primera en muchos años podía mirar cara a cara su pasado sin horrorizarse, sin intentar distraer su atención, sin volcarse inmediatamente en su trabajo. Ahora lo veía sin resquemor, lo contemplaba como se observa una mano o cualquier otra parte del cuerpo. El pasado era parte de ella misma y el tiempo se convertía en una dimensión más de su realidad corporal. Alzó la copa, la apuró y supo en esos instantes que había hecho las paces con su propia historia.

Le embargó un optimismo desbordante. Tuvo que reconocer que el mundo le sonreía. Se sintió orgullosa de todo cuanto había realizado y tuvo la certeza de que el futuro le tenía reservada la sorpresa de ver como se trascendía a sí misma. Tan sólo un pensamiento le produjo una lacerante melancolía: nunca, hiciera lo que hiciese, jamás, por magnas que fuesen sus obras y por mucho que la celebrasen sus contemporáneos, nunca se alegrarían con ella los seres que le fueron más queridos. No se enterarían de los triunfos de aquella pequeña Hypatia en la que tantas esperanzas depositaron. Había una ironía mordaz en el destino, que vedaba a las personas precisamente el conocimiento de las cosas que más hubiesen anhelado conocer.

A eso de la medianoche se fue a dormir. Tuvo que apoyarse en uno de los criados para subir la escalera hasta la segunda planta, y la subió entonando por lo bajo una de las cancioncillas que de niña le cantaba su madre.

A la mañana siguiente tampoco pudo salir de casa. Los combates callejeros habían ganado en ferocidad. Pasaron dos días más antes de que le avisasen que la calma reinaba de nuevo en la ciudad. En la catedral de San Alejandro, Cirilo, el nuevo patriarca de Alejandría, celebraba en esos momentos una misa solemne. Era el 17 de octubre de 412. Tres días habían durado los combates. Le habían dado la victoria las huestes del abad Schenute, que dirigió en persona a sus hombres, pese a su avanzada edad, y las demás hordas de monjes de los monasterios del Alto Egipto y la Tebaida. Se avecinaban malos tiempos.

La noticia afectó a Hypatia, pues hubiese preferido al archidiácono Timoteo, pero luego pensó que daba exactamente igual quién se encaramara al trono patriarcal: todos harían lo mismo. La nueva religión había traído también una nueva casta de pontífices guerreros, adoradores de la violencia. Jamás en la historia habían sido glorificadas de tal forma las guerras. Nunca se había apelado con tal descaro al cinismo. La sangre se le helaba en las venas cuando leía los escritos de ese tal Agustín de Tagaste del que tanto le advertían sus amigos. Nombrado obispo de Hipona el mismo año en que murió el emperador Teodosio, Agustín, en su apología de la destrucción, recurría a un tipo de deducción que recordaba a Hypatia el método de reducción al absurdo del gran matemático Hipócrates de Quíos. Lo último que había leído de él no tenía desperdicio. «Qué importancia tiene –decía– la forma de la muerte con que acaba la vida. Que yo sepa, jamás ha muerto alguien que no tuviese que morir algún día. ¿Qué se tiene, pues, en contra de la guerra? ¿Acaso el hecho irrelevante de que en ella perezcan aquellos hombres que de todos modos tenían que morir algún día?»

Por la misma reducción al absurdo, si ella tenía que morir, ¿qué importancia podía tener quién la matara? Lo único importante era que ella se sintiera a gusto con su propia vida, que no tuviese que avergonzarse de sí misma. Por eso no siguió el consejo del padre. Y si había tenido el valor de impulsar las matemáticas durante el patriarcado de Teófilo, no serían ni Agustín ni Cirilo quienes le impidieran proseguir sus investigaciones.

CAPÍTULO VIII

La rebelión

No sabía exactamente por qué le causaba tal admiración aquella figura. Un pequeño bloque de mármol utilizado por un artista, cuyo nombre había borrado el embate de las olas, para esculpir una sirenita con la cola recogida, las manos descansando sobre el regazo y la mirada perdida en algún punto lejano entre la costa y el horizonte, como si estuviese esperando a alguien.

Quizá fuese por el lugar en que había sido colocada: en una de las toscas piedras que protegían los bordes de la orilla oriental de la península de Loquias, perdida entre rocas sobrepuestas y confundida con ellas. Quizá fuese por su pequeño tamaño, porque parecía tan desoladamente desvalida, afrontando ella sola las furias del mar. Una oleada de ternura la embargaba cada vez que la veía.

Aunque quizá fuese también porque era la única escultura de la religión griega que se había salvado de la destrucción en Alejandría. Había desaparecido de los parques y de las avenidas, de los templos y de los edificios públicos, de las plazas y de las fachadas de las casas, un número ingente de estatuas de las grandes divinidades del Olimpo, de las deidades menores, de diosas y dioses de todas las religiones. Palas Atenea, Zeus y hasta el mismo Heracles, todos habían sucumbido, pero esa sirenita seguía allí, agazapada entre las rocas, burlándose de los perseguidores.

No era propiamente una sirena, sino antes una ninfa de los mares, pues la tendencia moderna era representar a las sirenas como si fueran Nereidas. Ya no tenían, como en tiempos de Homero, cuerpos y alas de pájaro y tan sólo la cabeza y los pechos de mujer. Ahora eran apuestas doncellas, que podían competir en belleza con las hijas de Doris y Nereo, y que en vez de piernas tenían una graciosa cola de pez.

La había descubierto por casualidad, hacía ya unas cuantas semanas. Había estado trabajando en su nueva obra sobre las ecuaciones diofánticas desde antes del amanecer y se sintió fatigada. Le asaltó el deseo de salir a pasear y pensó que sería mejor hacerlo en esos momentos, a media mañana, que dejarlo para después y encontrarse en la calle bajo el sol abrasador del mediodía. Tenía la costumbre de ir a deambular por el puerto, pues la abigarrada multitud la distraía, y buscar luego algún lugar apacible en la costa. Y siempre, desde que había muerto su madre, pedía a sus criados que la llevasen en dirección al puerto del Buen Regreso, hacia el oeste, para no tener que pasar por delante de las ruinas del Cinareo. Pero ese día, dispuesta a vencer otro de sus viejos temores, ordenó a sus asombrados portadores que la llevasen a la península de Loquias. Mientras caminaba al borde del engavionado se le cayó una pulsera de oro que le había regalado Claudio. Se puso a buscarla por entre las rocas y fue descendiendo hasta el nivel del mar. La encontró en un agujero entre las piedras, y cuando se agachaba para recogerla, descubrió a la sirenita. Desde entonces se había habituado a visitarla casi todos los días.

Se quedó largo rato contemplándola y pensó que daría su habitual rodeo por el barrio de la Judería y pasaría por la placita que antaño había estado dedicada a Artemisa. Era una plaza harto modesta, con una barrera de datileras dispuestas en círculo, bancos para sentarse y una gran fuente en el medio, de la que había desaparecido la estatua de la diosa, con el carcaj en bandolera, el arco en una mano y acariciando con la otra la testa de un hermoso ciervo.

Lo que le atraía de la plaza era un grupo de jóvenes cristianos que se llamaban a sí mismos los «mesalianos», los «orantes». Pertenecían a una corriente poderosa dentro de la religión galilea y se distinguían a simple vista por sus largas cabelleras y sus hábitos de suplicantes. Predicaban la pobreza absoluta, renunciaban a toda riqueza, creían en la igualdad entre la mujer y el hombre y vivían en cofradías sin distinción de sexos. En aquella plaza formaban un grupo heterogéneo de chicos y chicas de todas las razas que pasaba el día entre rezos y cánticos. A Hypatia le agradaba pasarse un rato observando los corrillos de aquellos jóvenes de rostro alegre y mirada radiante de dulzura. Siempre les daba alguna limosna. Hoy les tenía reservados un par de solidus que había encontrado por casualidad en el armario, debajo de un montón de ropa que no utilizaba. Se habrían caído de algún bolsillo hacía ya muchos años, pues llevaban grabada la imagen de Constantino I. Y pensó que si habían desaparecido durante tanto tiempo sería porque no los necesitaba. Bien podía regalarlos. Eran dos monedas de oro macizo, que aún tenían estampado en el anverso una imagen de la diosa Victoria enarbolando un lábaro con el monograma de Cristo. Las sacó de la bolsita de cuero que llevaba colgada al cinto, las miró, haciéndolas girar entre sus dedos, y se sonrió al pensar en la alegría que daría a los chicos.

Se despidió de la sirenita, trepó por las rocas y decidió regresar caminando, haciendo compañía a sus criados, que ahora llevaban una litera vacía. Cuando llegaron a la plaza de Artemisa se quedaron horrorizados. De los jóvenes mesalianos no vieron más que un montón de cadáveres esparcidos por todas partes. Un anciano, que contemplaba entristecido los cuerpos tirados en medio de charcos de sangre, les contó que acababa de pasar por allí hacía un momento un grupo de parabolanos. Él mismo había presenciado todo. Ni siquiera había tenido fuerzas para huir. El terror le había paralizado. Pensó que correría igual suerte que los chicos, pero los clérigos galileos se habían marchado sin mirarle siquiera. Le parecía un milagro seguir vivo.

Hypatia se montó en la litera, pues no tenía fuerzas para seguir andando. Mientras los criados la llevaban por calles que ya no veía, no hacía más que pensar en los mesalianos. En un joven que tenía que ser germano, pues era un gigantón de cabellos del color de los trigales, y en su compañera, una chica menudita y morena, de nariz algo aguileña y que hablaba el griego con acento palestino. En un chipriota que andaba siempre cogido del brazo de una gala. En la niña etíope de grandes ojos negros que hacía de guía a un anciano ciego...

Recordó el día en que le dieron la noticia del triunfo de Cirilo y pensó que todo seguiría igual. ¡Cómo se había equivocado! Ese hombre no era igual a los demás. En los dos años que llevaba apoltronado en el trono episcopal, la violencia se había apoderado de Egipto. No llevaba una semana en el poder cuando empezaron sus ataques contra los novatianos. Les confiscó todas las iglesias y luego fue haciendo lo mismo con los bienes personales de sus sacerdotes. El apetito de ese hombre por las fortunas de los demás era insaciable. No se conformaba con sus escandalosas riquezas, con detentar el monopolio del comercio de los cereales en todo Egipto y con ser el mayor terrateniente de la provincia. Siempre quería más.

Recordaba con tristeza cuando sumió en la miseria a Theopomtos, obispo de los novatianos, o de la «Comunidad de los Puros», como ellos mismos se llamaban. Theopomtos había sido uno de sus alumnos. Era un anciano afable, al que no tuvo mucho tiempo por discípulo, pues había ido a verla en la creencia de que daba clases de filosofía. No pudo culparlo, ya que era eso lo que se decía de ella. Las matemáticas pecaban de ser demasiado abstractas para el común de los mortales, que prefería referirse a ella como filósofa a secas. Pero el buen hombre llegó a interesarse incluso por las matemáticas y la astronomía. Cuando le comunicó que no asistiría más a sus clases, se disculpó, explicándole que su cerebro no era ya el de un niño, abierto a todo conocimiento nuevo. La humildad y la bondad de aquel hombre la dejaron entonces emocionada. Se sintió enferma de congoja cuando le contaron que el anciano había tenido que partir de mendigo para el desierto.

Luego Cirilo se había lanzado contra otras de las agrupaciones cristianas que los jerarcas de la Iglesia llamaban «sectas» y terminó por convertir en su diana a los mesalianos. En un sermón que pronunció en la iglesia de San Juan Bautista, una de las tres que se alzaban ahora donde había estado el Serapeo, los tachó de herejes y de perros rabiosos y declaró que «había que exterminarlos como a ratas y alimañas»: en la plaza de Artemisa no había hecho más que cumplir su palabra.

Hacía unos meses que el obispo se había propuesto acabar con los judíos. Según le habían contado, en las ciudades y aldeas de provincia no quedaba sinagoga alguna que no hubiese sido confiscada o incendiada. Los judíos eran expulsados de sus hogares una vez sumidos en la miseria, y por todo el país deambulaban grupos de mendigos hebreos, expuestos a los ataques de las hordas de monjes fanáticos. La barbarie siempre tardaba un poco más en llegar a Alejandría, pero ya en su ciudad habían empezado a arder las sinagogas.

Hypatia se enjugó las lágrimas, echó hacia atrás la cabeza con un gesto brusco y crispó los puños. De repente había sentido rabia, una rabia profunda. Se sentía furiosa, furiosa contra el patriarca y sus esbirros, pero también furiosa consigo misma. Tenía que hacer algo. No podía seguir cruzada de brazos.

Pensando en lo que podía hacer, en lo que podría estar al alcance de sus fuerzas, se dijo que ella, por suerte, no era una ciudadana cualquiera. Su fama se había extendido por los imperios romanos del Este y del Oeste, era la persona más venerada en los círculos eruditos, su popularidad la hacía intocable, y entre sus discípulos no escaseaban precisamente los altos magistrados, gente con poder político, hombres de gran influencia.

Tenía una responsabilidad, un deber que cumplir. No bastaba con dedicarse a la astronomía y las matemáticas, no vivía en una alta torre, apartada del mundo. Lo que ella hiciese o dejase de hacer repercutiría necesariamente en la vida de sus semejantes.

Daba clases de mecánica a un exaltado cirenaico, y éste inventaba una pieza de artillería que ahora servía para masacrar a mujeres, ancianos y niños y para luchar contra tribus de pastores cuyas únicas armas eran unas hondas toscas que apenas servían para ahuyentar al lobo que amenazaba sus rebaños. Sin los conocimientos que ella había impartido a ese sanguinario xenófobo, ¿hubiese sido capaz de inventarla? Ella, en última instancia, había construido la catapulta de Sinesio.

Debido a esa responsabilidad, Hypatia no podía sumarse a la masa de borregos que se dejaba llevar al matadero; tenía que actuar, como actuó Arquímedes defendiendo Siracusa del sitiador romano, como actuaron Demócrito y Tales defendiendo la democracia en Abdera y Mileto.

La mujer ordenó a los criados que la condujesen a paso ligero al palacio del prefecto augustal. Y cuando esa noche se metió en la cama, tras haber estado hablando por la mañana con Orestes y por la tarde con otros altos magistrados, entre los que se contaba un general del ejército, se sintió satisfecha y no tardó en conciliar el sueño.

Se enteró a los pocos días de que su amigo, el prefecto augustal Orestes, tal como le había prometido, había enviado una embajada a Constantinopla con el objeto de exponer ante la corte imperial la alarmante situación de orden público que estaba atravesando Egipto debido a los desmanes provocados por bandas incontroladas de clérigos armados a las órdenes del actual patriarca de Alejandría. Las autoridades augustales egipcias elevaban a su serenísima majestad su más enérgica protesta por la conducta intolerable del patriarca y apelaban a su magnánima clemencia y a su enérgica resolución para que pudiera restablecerse en la provincia la calma y la cordura que siempre habían caracterizado el comportamiento de sus leales súbditos. El suplicatorio iba acompañado de una extensa relación, desmenuzada en un millar de puntos, en la que se detallaban los casos en los que Cirilo y sus bandas armadas habían infringido la ley.

La corte imperial no hizo oídos sordos a las quejas de los enviados de Orestes. Sus demandas no cayeron en saco roto. La política del emperador Teodosio II se caracterizaba por una mayor tolerancia, no hacia las ideas, pero sí hacia las personas. En la corte crecía el malestar ante las noticias que llegaban de Egipto, y las altas jerarquías eclesiásticas de la Nueva Roma del Bósforo, siempre dispuestas a hacer cualquier cosa que debilitase al patriarcado alejandrino, veían llegado el momento de vengar en el sobrino los muchos crímenes del tío.

Además, en Egipto, como pudo comprobar Hypatia cuando emprendió su campaña personal contra el patriarca de Alejandría, la corriente anticristiana era muchísimo más caudalosa de lo que hubiese podido imaginar. La intelectualidad era adversa a la nueva religión y el descontento estaba generalizado entre la población. Descubrió que entre los altos cargos del ejército y entre los magistrados civiles existía también un malestar creciente. A veces bastaban tan sólo unos cuantos minutos de charla para que el capitán al mando de un regimiento que marchaba tras el estandarte con el anagrama de Cristo se sincerase y diese rienda suelta a su odio contenido con palabras encendidas que destilaban bilis. Le asombró descubrir que había muchas personas que compartían sus sentimientos.

Los acontecimientos no tardaron en precipitarse. De la corte llegaron las quejas, y Cirilo llamó a sus huestes de monjes y parabolanos a la rebelión contra las autoridades civiles y militares. Quinientos monjes de los conventos de Nitria rodearon a Orestes en plena calle. Precedido el prefecto augustal por una media docena de lictores y escoltado tan sólo por un puñado de lanceros, salvó la vida gracias a la valiente intervención de los ciudadanos que acudieron a socorrerlo. El prefecto resultó gravemente herido. Un fraile llamado Amonios le había acertado en la frente con un adoquín. Uno de los lictores detuvo al fraile y lo mató a latigazos: Cirilo tenía su mártir.

Ese mismo día el patriarca celebró una misa solemne en la catedral de San Alejandro. Junto al altar yacía el cadáver del nuevo mártir de la Iglesia, colocado en un ataúd de madera de roble con grabados en plata y oro en los que se escenificaban los momentos de la pasión de Cristo. Cirilo cambió de nombre al difunto, que pasó a llamarse Taumasio («Admirable»), y lo santificó. San Taumasio subió a los cielos. Al día siguiente se celebraba su entierro, y en el tumulto que acompañó al sepelio perecieron un centenar de personas. Por la noche habían ardido las sinagogas en la judería.

Por los días de Navidad se intensificaron las alusiones a Hypatia en los sermones que pronunciaban los sacerdotes en sus iglesias parroquiales. Al principio no fueron más que ataques velados, imprecisas insinuaciones, pero poco a poco los clérigos batieron cada vez con más fuerza sus tambores de guerra. Existía una persona, mujer para colmo, que no vivía en la fe de Nuestro Señor Jesucristo y empleaba su tiempo en difundir falsedades e impiedades sobre los hombres puros y temerosos de Dios, calumniando así a todos aquellos que podían llamarse con orgullo cristianos católicos y acataban los preceptos de la ortodoxia nicena en contra de las herejías de los demonios rabiosos que se agrupaban en bandas criminales de arrianos, pelagianos, origenistas, donatistas, priscilianos y demás sectas de blasfemos y sacrílegos. Esa persona construía instrumentos diabólicos, que utilizaba en malvadas hechicerías. Negaba a Dios y alimentaba la ilusión de que podía penetrar sus magnas obras mediante sus artes de encantamiento. Escribía libros perversos, en los que atentaba contra la majestad divina, y difundía sus ideas impías en clases a las que acudía un gran número de pecadores, ofuscados por su belleza, sus artes de seducción y su facilidad para la mentira. Sólo el mismísimo Lucifer podía haber engendrado a esa mujer que había venido al mundo con la única misión de corromper al género humano. Nunca se había leído con tal fruición durante los oficios divinos el pasaje del Génesis en el que Yahvé se dirige a Adán: «Por cuanto has escuchado la voz de tu mujer y comido del árbol que te mandé no comieses, maldita sea la tierra por tu causa».

Poco después de la fiesta de Año Nuevo de 415, un día en que Hypatia, sentada en un sillón a la sombra de un emparrado del huerto, descansaba de las clases que había impartido esa mañana, se le acercó una de las criadas, acompañada de una amiga suya que trabajaba de niñera en la casa de al lado. Quería que oyese lo que la amiga le acababa de contar.

Se encontraba la niñera en la terraza, colgando unos pañales al sol, cuando vio un grupo de jinetes armados, que se acercaban escoltando una carroza. De ella se apeó un hombre que vestía un manto de púrpura. Cuál no sería su sorpresa al reconocer al patriarca de los galileos. Cirilo dio unos pasos hacia delante y se quedó plantado, mirando fijamente hacia el frente. Delante de la casa de Hypatia había una gran aglomeración de criados, charlando y custodiando los caballos, los carruajes y las literas de sus visitantes. Estuvo mirando largo rato y ella había podido observarlo detenidamente. Algo en ese hombre la había horrorizado. No sabría decir el qué, pero lo que más le había asustado fue su mirada. Sus ojos eran espantosos. Echaban fuego. Como si estuviese indignado y sorprendido por lo que veía. Había alzado el brazo y había trazado en el aire con la mano extendida esa extraña señal que solían hacer los galileos, que simula dos palos cruzados, uno más largo que otro. Ella estaba convencida de que el obispo había lanzado una maldición contra la casa. Quizá la hubiese hechizado. Tenía mucho miedo, pues desde que se habían visto obligados a retirar de las puertas de entrada los altares a Apolo, que los protegía de los encantamientos y alejaba la mala suerte, las casas estaban desamparadas y cualquiera podía echarles mal de ojo. Había estado hablando con un anciano esclavo tracio, que sabía mucho de esas cosas, y le había dicho que era necesario purificar la casa. Había que esperar hasta la medianoche, subir a lo más alto de la casa y sacrificar un gallo a Perséfone, reina de los infiernos. Bajar luego lo más rápidamente posible al sótano y sacrificar, en la parte más baja de la casa, una gallina a su esposo Hades. Y a continuación había que encender velas en todas las habitaciones, para ahuyentar a los lemures y otros espíritus malignos. Él aconsejaba además grabar el nombre del obispo en una placa de bronce, atravesarla con tres clavos herrumbrosos y enterrarla en una maceta, entre las raíces de una planta de mandrágora. Había que esperar siete días con sus siete noches y luego había que arrojar el tiesto al mar. Con eso hasta se podía conseguir que muriera el obispo.

Hypatia sonrió a la criada, y se despidió de ella cariñosamente. Al reflexionar después sobre el incidente, no le pareció tan mal que el obispo se hubiese cerciorado por sí mismo de la influencia que ella ejercía en la ciudad. Eso la hacía más intocable.

Mas a los pocos días, bien entrada la noche, cuando todos dormían en la casa, los criados escucharon unos golpes extraños en la puerta principal. Armados con espadas, salieron a todo correr, pero sólo alcanzaron a ver a unos hombres que desaparecían por la esquina del callejón. Al darse media vuelta para regresar a sus dormitorios, vieron en la puerta un gato negro crucificado. Y el miércoles de la semana siguiente, cuando regresó de la escuela la hija menor de la cocinera, una niña de siete años, la madre descubrió un papel plegado en la bolsa de cuero que llevaba colgada al hombro. Según le dijo el criado que había ido a buscar a la niña, alguien tenía que haber aprovechado un momento de descuido para introducir la esquela en la bolsa. Al desdoblarla, vio unos signos que no entendió. El escrito dio vueltas por toda la casa hasta que acabó en manos de Hypatia, que tampoco pudo descifrarlo, pero que supo enseguida que se trataba de caracteres coptos. Mandó avisar a uno de sus discípulos, que se presentó en casa por la tarde y se lo leyó. «Bruja –decía—, te abrasarás pronto en los infiernos.»

Al transcurrir tres semanas sin que se produjese incidente alguno, Hypatia se olvidó completamente de lo ocurrido. Siguió trabajando en su nueva obra, mientras proyectaba otra sobre astronomía, y continuó dando sus clases. Pero ahora se dejaba ver más en los banquetes que daban sus amigos, asistía con mayor frecuencia a las recepciones oficiales y no desperdiciaba la más mínima oportunidad de relacionarse con personas influyentes. Estaba dispuesta a lo que hiciera falta para que su querida Alejandría no se viese un día irremediablemente sumida en la barbarie.

CAPÍTULO IX

La caza de la bruja

Cuando, una mañana de principios de marzo del año 415, Hypatia bajaba por las escalinatas del palacio imperial, tras visitar al prefecto Orestes, y se dirigía a la fuente junto a la cual había dejado a sus criados con la litera, le pareció que el universo se había hecho más pequeño. Como si se estuviese encogiendo de miedo.

El sol brillaba como de costumbre en el cielo de Alejandría, la humedad imprimía en la atmósfera su seductor encanto cristalino y los vivos colores de los jardines, de las arcadas y de las fachadas de mármol tenían que haberle resultado tan alegres como siempre. Pero ahora le producían tristeza. Y es que la conversación con el prefecto le había dejado un mal sabor de boca. Se dijo que la falta de sueño tenía que influir también en aquella honda congoja que la embargaba. Apenas había podido dormir en toda la noche.

En las últimas semanas sus discípulos judíos habían ido desapareciendo misteriosamente. Uno tras otro. Pero cuando el día anterior no se presentó Josué, su discípulo favorito y su colaborador más íntimo, Hypatia, atormentada por la angustia, decidió que visitaría de nuevo a Orestes para insistirle en que tenía que poner fin de una vez por todas a la ola de terror que había desencadenado el patriarca Cirilo. Quería pedirle que enviase a sus guardias a buscar a Josué. Quizá lo tuviesen retenido en la mazmorra de algunos de los templos que habían sido convertidos en iglesias cristianas.

Se había pasado la noche en un continuo ir y venir, subiendo y bajando por la escalera de caracol que conducía al torreón de la casa, desde donde había contemplado las llamaradas que se elevaban sobre los edificios del cercano barrio judío. Desde aquel torreón, que había mandado construir el padre para observar las estrellas, observaba ella ahora los resplandores de las miserias humanas. Y tumbada en la cama, entregada a veces a una inquieta duermevela, se había incorporado más de una vez, sobresaltada, al escuchar algún que otro grito desgarrador.

Se había levantado antes del amanecer, y tras un baño de agua fría, se había vestido precipitadamente. Luego había tomado un poco de leche de cabra y comido unos dátiles, no porque tuviese hambre, sino porque tenía que hacer algo de tiempo para no presentarse a hora tan inoportuna en el palacio imperial. Y luego, consumida por la impaciencia, se había puesto a revisar los últimos cálculos que ella y Josué habían hecho conjuntamente sobre las trayectorias de los planetas. Estaban a punto de demostrar que la Tierra no era el centro del universo y que, junto con los demás planetas, giraba en torno al Sol. Sería su mayor contribución al desarrollo de las ciencias después de su libro sobre las ecuaciones diofánticas. Se alegraba de poder reivindicar, transcurridos más de seis siglos, la figura del matemático Aristarco de Samos. Cuando alzó la vista y miró a través de la ventana que daba al huertecillo interior de la casa, se sobresaltó al advertir que el reloj de sol señalaba ya el comienzo de la segunda hora del día. Llamó a sus criados para que la condujesen inmediatamente al palacio de la prefectura.

Al llegar a la residencia imperial se había encontrado el atrio atestado de quienes acudían al matinal saludo para presentar sus respetos al prefecto y pedirle algún favor. Muchos de los que allí se encontraban serían atendidos por secretarios, pero un nutrido grupo esperaba ser recibido en persona por el representante del emperador. Ante la sorpresa de los allí congregados, que habían llegado mucho antes que ella, Orestes la hizo pasar inmediatamente a su despacho, tras haber despedido a un hombrecillo que Hypatia había reconocido como el gobernador de Tebas.

Orestes la saludó cariñosamente, besándole en ambas mejillas, y tras intercambiar apresuradamente un par de cumplidos, se dirigió a la ventana y se quedó allí, rígido como una estatua, contemplando fijamente la alta torre del faro. Aquel hombre, tan locuaz por lo común, se sumió en el mutismo. Pero Hypatia no se sintió rechazada, sino todo lo contrario: le complació que Orestes quisiera disfrutar con ella de unos momentos de silenciosa reflexión. Había algo extraño en su semblante. Parecía buscar consuelo en aquella torre. Quizá contemplase al coloso para cerciorarse de que seguía siendo el gobernador de la provincia más rica del Imperio romano y de que reinaba sobre una ciudad a la que ninguna otra podía disputar su supremacía cultural. Le pareció que buscaba reafirmación.

Hypatia había permanecido a su lado sin atreverse a hablar, hasta que rompió el silencio y le expuso brevemente el motivo de su visita. Orestes le hizo un gesto para que se callara y la invitó a colocarse a su lado. Y allí se quedaron, inmóviles, contemplando el faro y el incesante ajetreo que se desarrollaba en las instalaciones portuarias. Se fijaron en los barcos que zarpaban y que se dirigían a la lejana curvatura del mar, contemplaron los buques que atracaban, observaron detenidamente las operaciones de carga y descarga, se fijaron en las filas interminables de mozos de cuerda, que se movían como hileras de hormigas diligentes, y se entretuvieron viendo los giros y las evoluciones de las grandes grúas, que sacaban enormes fardos de las bodegas de las naves para depositarlos en los muelles atestados de brazos. Un juego familiar se desarrollaba ante sus ojos y el mundo parecía fluir por los viejos surcos e indicar que nada había cambiado.

Y de repente aquel hombre se puso a hablar y a hablar, enfrascándose con ella en una larga y animada conversación. Hypatia se sintió sorprendida y halagada a la vez.

Tras la enorme puerta de cedro un tropel de personas esperaban ser recibidas en audiencia por el prefecto augustal. El sol subía cada vez más por el oriente, y a aquel hombre no parecía importarle gran cosa que hubiese una multitud de personas esperándole. Hubo un momento en que Hypatia se sintió cohibida y hasta le asaltaron los remordimientos al pensar en los que fuera se impacientaban, pero al fin la indiferencia y la serenidad de aquel hombre la contagiaron y dejó de pensar en que se trataba del prefecto de Egipto para ponerse a disfrutar de una situación completamente nueva, en la que aquel hombre dejaba de ser la máxima autoridad imperial para convertirse en un amigo que se alegraba simple y llanamente de su compañía.

–Fíjate, querida Hypatia –le había dicho–, mira aquellas arcadas. En ellas proliferan las tabernas. Y en ellas se han reunido desde tiempos inmemoriales los hombres más diversos de todas las orillas del Mediterráneo. Allí han resonado voces y carcajadas, maldiciones y lamentos. Los hombres se han contado sus penas y han hablado de sus ilusiones. Y también han hablado de sus deidades. Unos a otros se contaban de sus dioses. El marinero griego ponderaba a su Afrodita, el egipcio hablaba de su Isis, el cartaginés de su Tanit y el hispano se deshacía en elogios, describiendo las bondades de sus diosas ancestrales. Y todos hacían mil preguntas, levantaban sus vasos y brindaban por las creencias de sus compañeros de mesa. El vino y la religión los confraternaban. Tan sólo un grupo de personas rechazaba esos brindis y aseguraba que todas esas deidades no eran más que idolatrías y que sólo existía un único dios verdadero: el suyo, que para colmo era precisamente el que los había elegido como su pueblo predilecto. Sabes a quiénes me refiero. Vivían ya en nuestras tierras antes de que fuese fundada Alejandría, cuando tuvieron que refugiarse en la desembocadura del Nilo tras la caída de su capital. Y luego vino la emigración de los que buscaban trabajo en nuestro rico país y la gran oleada de refugiados que acudió tras la expulsión de sus tierras bajo el emperador Vespasiano. El problema se agudizó y desde entonces han estallado de vez en cuando algunos disturbios que han puesto a prueba a nuestras fuerzas de orden público. Nuestros guardias han tenido que intervenir con harta frecuencia en esas disputas entre hombres acalorados por el vino y la cerveza. A veces incluso hemos tenido que echar mano de nuestras legiones, como nos ocurrió en los tiempos de Adriano. Las trifulcas entre helenos y judíos han sido una constante en la historia de nuestra ciudad. Surgían por nimiedades, la mayoría de las veces por el espíritu burlón que caracteriza al pueblo alejandrino. Bien porque a los griegos se les ocurriese ponerse a comer carne de cerdo delante de las sinagogas o porque exhibiesen estatuas de figuras humanas desnudas cuando los judíos celebraban alguna de sus fiestas. A veces no eran más que chiquilladas que terminaban en derramamientos de sangre. Hemos sabido vivir con esos disturbios. Y lo cierto es que ese pueblo bárbaro se civilizó entre nosotros y ha logrado crear una comunidad que contribuye al esplendor económico y cultural de nuestra ciudad. Se integraron dentro de su aislamiento. E hicieron algo más: no trataron de imponer a nadie sus creencias.

»Aquello era demasiado bueno como para que durase mucho. Una parte de ese pueblo quiso salir de la reclusión que ellos mismos se habían impuesto, y algunos de sus rabinos eruditos se aliaron con sacerdotes egipcios y se dedicaron a fabricar una nueva religión. Lo único que tuvieron que hacer fue traducir los antiguos textos. No necesitaron inventar nada: si antes habían tomado de los egipcios la idea de un dios único, ahora no tuvieron más que dar envoltura nueva a todas aquellas creencias que rodeaban la figura del faraón. Estaban allí, latentes, desde hace unos cuatro mil años. Como sé que no te interesan las supersticiones humanas y que vives en un mundo de números y cálculos, me imagino que nada sabrás de las viejas creencias egipcias en torno a sus faraones. En ellas el dios Osiris anunciaba la concepción a la esposa del faraón y le comunicaba que estaba «llena de gracia», o sea: preñada de él. La faraona alumbraba después a un niño, que era el hijo de dios. Ese dios en manifestación humana mediaba entre su padre y los hombres. El faraón era a la vez humano y divino, y tras su muerte, resucitaba para ascender a los cielos y colocarse a la diestra de su padre. El faraón, encarnación de Osiris, en tanto que dios del trigo, moría cada año y permitía así a los egipcios alimentarse con su cuerpo, que se les ofrecía en forma de pan. Y daba también a Isis una copa con su sangre, para que la bebiese y le recordase tras su muerte. La carne y la sangre del faraón se transustanciaban en pan y vino. En los rituales que rodeaban la muerte de un faraón se celebraba su resurrección y el momento en que ascendía a los cielos. Exactamente lo que celebraremos en este mismo mes el día de la pascua de resurrección. Los nuevos evangelios no son más que traducciones de textos antiquísimos. Confabulados con una legión de judíos conversos, los egipcios hacen caer ahora sobre nosotros la maldición de sus olvidados faraones.

Y al decir esto, Orestes había enmudecido de repente y se había apostado de nuevo ante la ventana para fijar otra vez la mirada en el faro. Hypatia sabía que el prefecto había ido demasiado lejos. Hijo de una rancia familia patricia de noble abolengo, que contaba entre sus antepasados con intrépidos generales y con hombres que detentaron importantes cargos públicos, se habría convertido al cristianismo para poder hacer carrera en un mundo atenazado por las leyes religiosas de Teodosio. Era probable que siguiese adorando en secreto a los antiguos dioses o que no creyese en ninguno en absoluto. Pero no estaban los tiempos como para revelar a nadie los pensamientos más íntimos. El miedo a enfrentarse a tabúes extendía la hipocresía por toda la sociedad. Las personas se habían habituado a disimular sus pensamientos.

Tras un largo rato de silencio, que a Hypatia se le antojó esta vez interminable, Orestes le dirigió una sonrisa cargada de tristeza. Luego la abrazó durante unos instantes, pero enseguida se separó de ella casi con brusquedad, y se apostó de nuevo frente a la ventana para seguir hablando como si se dirigiera a un interlocutor situado en algún punto lejano del horizonte.

Le confesó entonces en tono de impotencia que tenía la impresión de que todo se le escapaba de las manos. Esas nuevas creencias milenarias habían prendido fuego en los corazones egipcios. Ese pueblo había vivido humillado durante demasiados siglos, y ahora Cirilo había despertado en ellos la llama de su identidad, oficiando las nupcias entre nacionalismo y religión. Griegos y judíos se habían convertido en extranjeros. El patriarca había redoblado sus exaltadas huestes de monjes fanáticos con los refuerzos que le llegaban de Nitria. Orestes temía que no le bastarían sus cohortes para atajar lo que se avecinaba.

Al salir por la puerta del despacho de Orestes, Hypatia había tenido que abrirse camino entre un nutrido grupo de personas que le dirigían miradas en las que se conjugaban el asombro ante quien había tenido el poder de disponer de tal modo del tiempo de la máxima autoridad imperial con el reproche por la desfachatez de haber hecho uso de tal poder. Y entre aquellas miradas descubrió también las que le lanzaban algunos representantes de las autoridades eclesiásticas: eran miradas de odio, de indignación, miradas que parecían atravesarle el cuerpo. Vio también que algunos alzaban los puños y que sus ojos se teñían de sangre. Y ahora, al bajar por las escalinatas en dirección a su litera, sentía aún clavados en la nuca los ojos de los clérigos.

Sintió un gran alivio al verse de nuevo en compañía de sus cuatro criados. Le pareció haber vuelto al recogimiento de su hogar. Al recostarse en el diván de su litera creyó hallarse al abrigo de las cuatro paredes de su despacho. Sus criados la alzaron y emprendieron la marcha de regreso a casa. Les pidió que la llevasen por la avenida principal y no por el paseo marítimo, como tenía por costumbre. Solía entrar a su casa por la puerta trasera, por la que daba al mar, pero hoy prefería hacerlo por la principal, para poder pasar por el callejón que tantos recuerdos le traía de sus años de niña. Necesitaba, además, contemplar el ajetreo de la gran avenida, con su multitud de carruajes y literas, con el fluir inquieto de personas que siempre parecían tener prisa, con sus vendedores ambulantes, con sus tiendas y sus bellas arcadas. Quería sumergirse en Alejandría.

Mecida en el suave vaivén de su litera, se esforzó por hacer correr sus pensamientos por el cauce de sus últimos descubrimientos en el excitante campo de la astronomía. Trató de imaginarse una esfera de doscientos cincuenta y dos estadios de circunferencia, de unos cuarenta mil kilómetros, el tamaño que Eratóstenes había calculado para la Tierra, y trató de representársela doscientas cincuenta veces mayor, según la relación calculada por Aristarco. Ella había revisado los cálculos y sabía que el gran matemático de Samos había estado en lo cierto. Sesenta y tres mil estadios de circunferencia tendría que tener el Sol. ¿Podía realmente imaginárselo? Creía que sí. La distancia que había estimado Aristarco desde la Tierra al Sol era también fabulosa, y no había manera alguna de hacerse una idea de ella tomando las dimensiones terrestres como punto de referencia. Daba igual: podía ser calculada.

Recordó que cuando se había dedicado a revisar los cálculos de Aristarco, reflexionó también sobre su hipótesis de que la Tierra giraba sobre su eje y daba vueltas alrededor del Sol. Fue entonces cuando se le ocurrió la idea de aplicar sus estudios sobre las secciones cónicas al cálculo de las órbitas planetarias. Se había quedado asombrada: esta vez las trayectorias de los planetas no eran ni complejas ni caprichosas, sino que discurrían por órbitas elípticas de una gran elegancia. Había belleza en sus movimientos. Coincidían con el fin supremo de las matemáticas: conjugar el cálculo con la sencillez, desarrollar las operaciones deductivas para llegar a una demostración que fuese la más elegante posible. Pues la verdad estaba hermanada con la belleza. En esos estudios se había enfrascado en los últimos tiempos. Josué la apoyaba entusiasmado. Precisamente el día anterior a su desaparición él le había prometido llevarle a la mañana siguiente un cálculo preciso de la órbita de Marte.

Hypatia asomó la cabeza y divisó a lo lejos el torreón de su casa. En una de las almenas vio un cuervo. El ave se mantenía posada en actitud altiva y miraba hacia su izquierda, hacia el poniente. Pensó en el padre y no pudo reprimir una sonrisa. ¿Cuántas cosas no habría deducido el padre de aquel simple hecho? Para él, hubiese sido un mal augurio. El cuervo señalaba el lugar por donde se ocultaba el Sol. Señalaba las tinieblas, apuntaba hacia la muerte.

¿En cuántas tonterías no había creído su querido padre? Había malgastado gran parte de su tiempo en la astrología y las artes adivinatorias. Le atraía todo lo esotérico y le apasionaban los misterios órficos; cuanto más viejo se hacía, más se apartaba de las ciencias, hasta el punto de que había pasado los últimos años de su vida escribiendo una obra tras otra sobre aquellos temas. Recordaba la noche en que lo sorprendió redactando el que sería su último libro: *Sobre los presagios basados en la observación de las aves con particular referencia a los graznidos de los cuervos*. Le vio sonrojarse. Quizá fuese consciente de que se dedicaba a investigaciones nada serias, pero esos estudios se habían convertido en su nueva pasión. Aquel anciano venerable había sucumbido al espíritu de los tiempos, e Hypatia comprobó con tristeza que había dejado de admirarlo, pero lo seguía amando con toda su alma. Recordó la escena del callejón. Ella tendría unos siete u ocho años. El padre había comenzado a enseñarle matemáticas y le había dado un volumen de la *Aritmética* de Diofanto. Le había explicado que, en matemáticas, cuanto más se profundizaba, con mayor facilidad y elegancia se resolvían los problemas. «No tienes por qué aprender a resolverlos como si fueses un mercachifle –le había dicho–, pues puedes hacerlo cómodamente con las ecuaciones diofánticas.» La niña se había encerrado en su cuarto y había meditado largamente sobre las palabras y las explicaciones del padre. Y de repente vio con toda claridad lo que el padre quería decirle. Se fue corriendo a su despacho y no lo encontró. Luego cogió una balanza del cuarto del padre y salió corriendo a buscarlo por toda la casa. Le dijeron que Teón estaba fuera. Al salir de la casa lo vio dando instrucciones a unos hombres que estaban descargando una enorme pizarra de una carreta. Siempre asociaría al padre con aquellos grandes tableros repletos de cálculos hechos con tiza. Interrumpió al padre, puso la balanza en el suelo, colocó pesas en ambos platillos, procurando que tuviesen igual peso y le dijo, presa de excitación:

–Te he entendido, padre, tienes razón, es muy sencillo. No tengo más que hacer todas las operaciones que se me antojen en los dos platillos. Puedo sumar, restar, multiplicar y dividir; de lo único que tengo que preocuparme es de que ambos pesen lo mismo, de que la balanza se encuentre en equilibrio. He de jugar hasta que en uno de los platillos se quede la pesa correspondiente al valor que desconocemos. Y el otro me dará su cantidad.

El padre la había alzado en brazos, se la había comido a besos y luego aquel hombre de serenos ademanes e incapaz de alzar la voz se había puesto a gritar como un loco, llamando a los vecinos:

—¡Salid, asomaos! ¡Acudid, que aquí tenéis a quien se convertirá en la mayor matemática de Alejandría!

Y a partir de aquel momento no recordaba ni un solo día de su infancia en que el padre no se hubiese pasado con ella algunas horas enseñándole matemáticas, física y astronomía. Si había llegado a donde había llegado, todo se lo debía a él, y hoy sentía la necesidad de pasar de nuevo por ese callejón.

Casi al final de la avenida de Canopo se había apostado un grupo de hombres. Eran trece. Parecían cazadores al acecho y empuñaban cuchillos que pretendían disimular entre los pliegues de sus vestiduras. Podía distinguirse al que los capitaneaba porque calzaba sandalias de cuero y vestía una túnica blanca, ceñida a la cintura por un cinturón rojo. Un enorme crucifijo de bronce le colgaba del pecho, sujeto al cuello por un cordel verde. Los demás iban descalzos y sus ropas se reducían a mantos de ruda tela, de color pardo, deshilachados, desteñidos, llenos de desgarrones y con algunos manchones de sangre reseca. La tez del cabecilla era algo más clara que la de los demás, hombres de rostros curtidos por los vientos, las arenas y el sol de los desiertos. Lucían barbas pobladas, hirsutas, en las que habían quedado pegados restos de comida. Lo que más destacaba en sus rostros eran sus ojos, negros y saltones, de mirada penetrante y que parecían atravesar todo lo que contemplaban. Eran los ojos de seres incapaces de sonreír, de personas para las que el universo era un simple clavo, pues tenían un martillo como único instrumento. Eran también incapaces de referirse a los hechos de este mundo sin recurrir a narraciones simbólicas que explicasen el sentido oculto de las cosas. Petrus, el cabecilla, los llamaba sus «apóstoles». De entre los monjes que habían acudido del desierto atendiendo al llamamiento del patriarca Cirilo para salvar la religión cristiana, que estaba a punto de perecer a manos de judíos y herejes, Petrus había elegido a esa docena de hombres rudos como su guardia pretoriana. Con frecuencia tenía que lanzarse a la calle en compañía de huestes más numerosas, como cuando dirigía incursiones por las calles de la judería; pero, para asuntos de menor importancia, como era hoy el caso, prefería verse rodeado únicamente por sus doce apóstoles.

Petrus había sido legionario en su juventud. Había logrado alistarse en el ejército gracias a las nuevas ordenanzas promulgadas por el emperador Valentiniano, que habían reducido en un palmo y un dígito la estatura mínima establecida para el reclutamiento. A las órdenes del emperador Teodosio había participado en la terrible batalla del río Frígido, cuando los ejércitos orientales descalabraron a los impíos que integraban la unión pagana dirigida por Eugenio y Arbogasto. Al entrar en Roma había gozado con las violaciones y los saqueos. Fueron tiempos de gran excitación, pero los desmanes cometidos por Petrus fueron tales que lo expulsaron del ejército. Tendría unos treinta años y había entendido perfectamente que el futuro estaba con la nueva religión. Decidió convertirse al cristianismo y regresó a Egipto para estudiar las Sagradas Escrituras en un convento alejandrino. Salió convertido en lector y se había pasado los últimos años leyendo los evangelios en los oficios religiosos. Era una profesión que le proporcionaba cierta holgura económica, pero que le aburría enormemente. Echaba de menos las andanzas de otros tiempos. Fue Cirilo quien le sacó de aquella monotonía y empezó a encargarle misiones de gran responsabilidad. Y había sido él, Petrus, quien había capitaneado las fuerzas que aplastaron a los partidarios de Timoteo e hicieron que Cirilo se encaramase a la silla episcopal. Desde entonces su vida se había hecho más intensa y había podido repetir los saqueos y las violaciones de su juventud. A sus cuarenta años se encontraba con que era la mano derecha del patriarca de Alejandría. No había misión secreta que él no le encomendara: rastreando las huellas de paganos y judíos, haciéndolos salir de sus madrigueras, había llegado a conocer su ciudad tan bien como la palma de su mano. Lo que Cirilo le había encargado ese día era algo de muy poca monta. ¿A cuento de qué tantos secretos y aspavientos por una simple mujer? Cosas más gloriosas había hecho.

Al doblar la esquina del callejón, Hypatia, que había dejado de mirar hacia la calle y había sacado las tabletas enceradas que siempre llevaba consigo, no se percató al principio de lo que ocurría. Pensó por un momento que sus criados habían tropezado y que la litera estaba a punto de volcar. Luego salió despedida y fue a estrellarse contra el empedrado de la calle. Fue entonces cuando vio al grupo de hombres dedicados a rematar en el suelo a sus jóvenes portadores. Los cuatro habían nacido en su casa, habían sido para ella una mezcla de hermanos e hijos, eran más sus amigos que sus criados, y ahora los veía tendidos en el suelo, algunos retorciéndose de dolor, otros ya con la cabeza separada del cuerpo. Ante aquella escena de horror se quedó mirando hipnotizada la libreta de tabletas enceradas que se le había caído de las manos. Incapaz de asimilar lo que veía, sus anotaciones fueron lo único que le pareció importante en esos momentos, así que extendió el brazo para recoger el cuaderno, al que amenazaba ahora el hilillo rojo que partía de un charco de sangre.

Sintió entonces un golpe en la mano y la presión de unas garras que se hundían en sus carnes y la alzaban en vilo. Advirtió que la metían de nuevo en la litera. La pusieron boca abajo, la aplastaron contra el diván y pensó que pretendían asfixiarla, hundiéndole el rostro en uno de los almohadones. Y después el peso de un hombre que se le echaba encima y la inmovilizaba. Trató de forcejear, pero comprendió que todos sus esfuerzos serían vanos. La habían secuestrado. A continuación la litera se puso en movimiento, pero esta vez no al paso acompasado de sus criados, sino con un ritmo frenético y vertiginoso, salpicado de bandazos y tirones bruscos.

Lo que más le asombró de aquella situación, en la que se debatía por respirar y se veía enfrentada por primera vez en su vida con la violencia física hacia su persona, fue la cantidad de recuerdos que le pasaban por la mente. Su vida entera transcurría como una novela milesia. Sus juegos de niña. El padre alzándola en brazos. La madre leyéndole cuentos. Los jardines de la casa. La primera vez que acompañó al padre al aula donde impartía sus clases. La primera vez que ella misma dio clases en esa aula... Aquel viaje en litera se convirtió en una existencia multiplicada en el tiempo. Y junto con los recuerdos, también el curso de sus pensamientos, que se agolpaban desordenados, y una reflexión constante: si la iban a matar, que lo hiciesen pronto.

Cuando la liberaron de aquel encierro observó que se encontraba ante la escalinata del Cesareo, el viejo templo dedicado al genio del emperador, convertido ahora en iglesia. Situado frente al mar, sobre una colina de suaves laderas pobladas de árboles frutales y de altas palmeras, había sido uno de los lugares a los que con mayor ilusión había ido de niña.

La arrastraron dentro de la iglesia y le desgarraron las vestiduras. La tiraron al piso, cerca del altar, y uno de los hombres, que se había levantado la sotana, se echó sobre ella y comenzó a acariciarla. Trató de defenderse, pero el otro le soltó una andanada de puñetazos en el rostro, le sujetó los brazos, atenazándole las muñecas, y utilizó las rodillas para obligarla a abrirse de piernas. Sintió un desgarrón en la vulva y algo duro que le penetraba en la vagina. El escozor se le hizo insoportable y advirtió que un líquido cálido le chorreaba por entre las piernas. Estaba sangrando.

Pasado un tiempo interminable, en que volvió a experimentar el extraño fenómeno de la alocada carrera de sus pensamientos, el hombre emitió un par de resuellos, se desplomó sobre ella y se levantó de un salto. Hypatia sintió un inmenso alivio. Los dolores se desvanecían, dando paso a una insensibilidad generalizada, como si le hubiesen aplicado un anestésico.

Pero enseguida se reanudó el tormento. A ese violador siguió otro y otro, en sucesión interminable. Pensó que podía soportarlo todo, menos el hedor que despedían los hombres y el aliento asqueroso de sus bocas, que la envolvía en vahos de coles podridas. Sintió náuseas y se puso a vomitar. Y de nuevo los puñetazos en la cara y las garras que la atenazaban y le retorcían los brazos.

Inmersa en aquella situación repugnante, Hypatia advirtió que podía hacer un esfuerzo mental y contemplar la escena como si todo aquello le estuviese ocurriendo a una persona que era y no era ella al mismo tiempo. Y que la podía contemplar desde lo alto. Dependía de su voluntad elevarse hasta la cúpula del templo. Estaba en su poder el salirse de sí misma y refugiarse en aquellas esferas en las que había transcurrido siempre su vida. Allá arriba estaban su Homero y su Eurípides, su Euclides y su Diofanto, los recitales de poesía, las veladas musicales, los delirios maravillosos de la imaginación cuando se encauzaba por la senda de la investigación matemática. Desde lo alto contemplaba esa cosa sucia y denigrante que ocurría junto al altar. No tenía la facultad de dejar de mirar hacia abajo, a tanto no llegaba su poder, pero sí le era dado convertirse en una observadora que no se sentaba siquiera en las primeras filas, sino en los últimos bancos de la gradería. Asistía a su propio drama como si asistiese a una función de teatro. Hypatia se sonrió para sus adentros: se había burlado de esos hombres, los había vencido. Al fin perdió el conocimiento.

Junto a la puerta de la sacristía había dos ánforas vacías. Los hombres las recogieron y las estrellaron con furia contra el suelo. Luego eligieron de entre los cacharros los que les parecieron más afilados y puntiagudos. Blandiéndolos, se abalanzaron sobre Hypatia y se pusieron a arrancarle las carnes de los huesos. Ocho de los hombres utilizaron las esquirlas como cuchillos para cercenarle los miembros. Al fin, uno de ellos logró levantar en alto uno de los brazos de Hypatia, que mostró a los demás con un gesto de triunfo.

Hypatia recobró el conocimiento y lanzó un grito. Se desmayó y volvió en sí varias veces. En ocasiones pensaba que sería incapaz de soportar el dolor, pero luego advertía que éste daba paso al embotamiento, una mezcla extraña de ruidos sordos y estallidos de desgarraduras. Escuchaba lo que le hacían, eso era todo. Y de repente dejó de sentir su cuerpo. Sus tormentos desaparecieron y le embargó una extraña felicidad. Se vio envuelta en una calma asombrosa, en la entrada de un túnel lúgubre, por el que no se filtraban los rayos del sol, pero a lo lejos distinguió un resplandor luminoso. Divisó al fondo la figura del padre, que le tendía los brazos. Tenía que correr hacia él, correr a refugiarse en su regazo. Y cuando echó a correr, las luces se convirtieron en tinieblas y reinó la oscuridad. El orden se disolvió en el caos.

Al percatarse de que estaba muerta, los monjes optaron por sus cuchillos para terminar de desmembrarla y trocearla. A continuación se arremangaron los faldones de sus sotanas, cuyos regazos utilizaron a modo de bolsas en las que fueron metiendo los despojos del cadáver de Hypatia. Luego llevaron su carga a un descampado cercano, por donde se esparcían entre los matorrales las ruinas de un viejo templo consagrado a Ceres, el llamado Cinareo. Recogieron ramas, astillas y maderos de vigas carcomidas, los apilaron y les prendieron fuego. Cuando las llamas se elevaron, arrojaron a la hoguera los restos de Hypatia.

En algunos de aquellos hombres, habituados a alimentarse de alimañas en el desierto y que desde su llegada a Alejandría no habían comido otra cosa que gachas de cebada, sopas de coles y algunas cebollas crudas, el olor de los restos chamuscados de Hypatia despertó el apetito. Dos de ellos se acercaron a la pira, sacaron unos trozos de carne, les quitaron con sus cuchillos las partes carbonizadas y se los llevaron a los labios. Petrus se enfureció al ver que sus monjes improvisaban un festín, se precipitó hacia ellos y les quitó de las bocas los despojos de la mujer, que devolvió al fuego, gritando:

—¡Bárbaros, no podemos comer carne impía!

Luego se descolgó el crucifijo del cuello, lo clavó en un montículo de arena y obligó a sus hombres a arrodillarse formando un corro. Se puso de rodillas junto a ellos y se persignó. Todos le imitaron. Los monjes juntaron las palmas de las manos, inclinaron la cabeza y cerraron los ojos. En sus rostros se advertía ahora un gesto de contrición. Y mientras los restos de Hypatia se achicharraban en la hoguera, aquellos hombres, sin sospechar que repetían literalmente el texto de la llamada *Oración del ciego*, una vieja plegaria egipcia de más de mil quinientos años de antigüedad, con voz ronca, recitaron en coro:

«Padre nuestro, que estás en los cielos...»

CAPÍTULO X

El legado de Hypatia

En su historia de las matemáticas en la Antigüedad, Hans Wussing afirma que, sin la labor realizada por Hypatia, lo más probable es que se hubiese perdido toda la *Aritmética*, refiriéndose, según la terminología griega, a la teoría de los números o, para simplificar, a todo el cuerpo matemático antiguo con excepción de la geometría, que nos ha llegado fundamentalmente a través de los *Elementos* de Euclides, en ediciones que debemos al padre de Hypatia. Aun cuando no conservamos ninguna obra firmada por Hypatia, las investigaciones modernas apuntan a que es muy posible que sus libros nos hayan llegado bajo nombres distintos. Conocemos algunos de los títulos de sus obras y sabemos por sus contemporáneos que, como matemática, fue mucho más importante que el padre. Hypatia es, sin duda alguna, una de las figuras más fascinantes que han existido en la historia del pensamiento humano. Su nombre tendría que sernos de sobra conocido. Fue la última gran científica de la Antigüedad, y después de su muerte habría que esperar más de un milenio para que volviesen a realizarse adelantos de importancia en el campo de las matemáticas. No sería sino hasta finales del siglo XIX y comienzos del XX cuando apareciera una mujer de su misma talla científica: Marie Curie.

Sin embargo, en los territorios que integraron la parte occidental del Imperio romano y en los que hoy en día, mermados, se intenta construir la Unión Europea, la figura de Hypatia permaneció desconocida hasta el siglo XVIII, cuando la rescató del olvido aquel poderoso movimiento cultural que llamamos la Ilustración, pero en la parte que constituyó el Imperio romano de Oriente, que hoy conocemos como Imperio bizantino, su nombre permaneció vivo en la memoria colectiva de sus habitantes. De una mujer que destacase por su sabiduría decía el habla popular que era «una Hypatia». En fecha tan tardía como el siglo XIV, el historiador bizantino Nicéforo Gregora califica a Eudocia, la mujer del emperador Constantino el Déspota, de «segunda Hypatia».

En una época de turbulencias religiosas, en la que el fanatismo había iniciado ya su marcha triunfal, la obra de Hypatia representó un renacimiento del quehacer científico de la Alejandría del siglo IV de nuestra era. Desarrolló el álgebra y la trigonometría hasta unos niveles que no serían alcanzados de nuevo hasta muchos siglos después. Por dar un ejemplo: sus estudios sobre las secciones cónicas fueron desechados tras su muerte como ejercicios inútiles del pensamiento, hasta que a comienzos del siglo XVII los científicos se dieron cuenta de que muchos fenómenos naturales, como los de las órbitas planetarias, podían describirse gracias a las curvas formadas por las secciones practicadas a un cono.

Como ya he indicado, en el mundo occidental el nombre de Hypatia se sumiría en el olvido hasta el siglo llamado «de las Luces». No así el de su padre, el astrónomo Teón de Alejandría, que no falta en ninguna enciclopedia ni en ninguna historia de la ciencia, pese a que Damascio, en el artículo que escribe sobre Hypatia para el impropiamente llamado *Léxico de Suidas*, un diccionario enciclopédico bizantino del siglo X, dice textualmente de ella que «por naturaleza, era más refinada que el padre y tenía más talento».

Hoy en día es frecuente encontrar en cualquier enciclopedia el nombre del padre y no el de la hija. Y es que, para mayor mal que bien, las enciclopedias y las historias de la ciencia han sido escritas, en su inmensa mayoría, por hombres, quienes han partido del prejuicio misógino de que las mujeres nada tienen que hacer en el campo de las ciencias. A esto se añade que tendemos a considerar el desarrollo de las ciencias como la obra personal de unas cuantas figuras destacadas y no como la laboriosa actividad de millares de personas dedicadas a arrancar sus secretos al mundo que nos rodea. Pero incluso bajo este prisma deformado de la ciencia como producto de un puñado de personalidades ilustres, el nombre de Hypatia no tendría que brillar por su ausencia. Si esto ocurre es porque manos masculinas se han encargado de borrarlo de los anales. Para que no se crea que exagero invito a la lectora (si escribimos «lector» a secas, ¿por qué no puedo escribir «lectora»?) a buscar en cualquier enciclopedia el nombre de Anne Conway.

Anne Conway, 1631-1679, naturalista y filósofa, dejó una obra importante, que fue publicada después de su muerte por el editor Francis Mercury van Helmont. Sus *The Principles of the Most Ancient and Modern Philosophy*, que apareció en el año de 1695, no fue editado con su nombre, sino con el de su editor... «por razones de decoro y respeto a las buenas costumbres». Y aunque en el prefacio se afirmase que la obra se debía a una misteriosa «condesa de Kennaway», y pese a que Gottfried Wilhelm von Leibniz, el fundador indiscutible de la ciencia alemana, repitió una y otra vez que tenía contraída una gran deuda con esa condesa, la obra ha sido atribuida siempre a su editor. El nombre de Anne Conway, al igual que el de muchísimas mujeres, fue simplemente tachado de la historia de la ciencia. Lo mismo hubiese ocurrido con el de Hypatia si las trágicas circunstancias que rodean su muerte no hubiesen despertado el interés de los investigadores del siglo XVIII.

Las fuentes en que se basaron esos investigadores fueron tres: el mencionado diccionario enciclopédico bizantino del siglo X (la enciclopedia *Suda*), la *Historia Eclesiástica* de Sócrates Escolástico, del siglo V de nuestra era, y la *Correspondencia* de Sinesio de Cirene, amigo y admirador de Hypatia. Ésas son, fundamentalmente, las únicas fuentes con que contamos.

Y en esas fuentes nos encontramos también con numerosas alusiones a la vida sexual de Hypatia; en este caso, mejor dicho, a la falta de vida sexual. En la enciclopedia *Suda* se hace hincapié en que era tan bella y bien formada, que sus estudiantes se enamoraban perdidamente de ella y solían perder el control de sí mismos, pero se recalca también que era recatada y virgen y que sabía contener a los más impetuosos. Para ejemplificar su castidad, en la enciclopedia *Suda* se recoge la siguiente anécdota: en cierta ocasión, harta ya del acoso de uno de sus discípulos, Hypatia le arrojó a los pies una compresa manchada con su sangre menstrual, espetándole: «¡Esto es lo que tú anhelas y no la Belleza!».

Casi todas las fuentes cristianas de la época (las únicas de que disponemos) son favorables a Hypatia y no al patriarca Cirilo, así que no hemos de extrañarnos de que en ellas se pondere la virginidad de Hypatia. Con el tiempo aparecería incluso una carta apócrifa en la que se la identificó con santa Catarina de Alejandría. De haber sido hombre, nadie se hubiese preocupado por sus asuntos de alcoba.

Si nos remontamos hasta el siglo V antes de nuestra era y leemos los comentarios sobre mujeres ilustres como Aspasia de Mileto, Lastenia, Theano y Leontium, observaremos que se otorga a sus aventuras amorosas mucha más importancia que a la erudición que las hizo famosas. Pero es que en aquella época había que ser hetera para poder alcanzar una educación similar a la de los hombres (los cultos, por supuesto) o pasar por hechicera, como fue el caso de Aglaonice de Tesalia, que predecía eclipses de Sol y de Luna y se jactaba de que podría hacer desaparecer esos dos astros cuando se le antojara, pues la superstición popular achacaba esos fenómenos naturales a encantamientos y filtros mágicos. ¿Cuántas argucias no tendría que emplear aquella astrónoma notable para sobrevivir en un mundo en el que una mujer decente tenía que estar recluida en el gineceo bajo la autoridad del padre o del marido? En el siglo de Pericles, Hypatia hubiese sido una prostituta, nueve siglos después tenía que ser casta.

Ociosa me parece también la discusión en torno a las ideas religiosas de Hypatia. Habla de la honradez de las fuentes cristianas antiguas el que no se la haga pasar por cristiana, lo que es invención moderna, así como no lo es el referirse a ella como filósofa. Por desgracia, las tres obras más importantes que se han escrito sobre Hypatia en nuestros días han sido firmadas por personas que provienen del ámbito de la filosofía y que llegaron a Hypatia por casualidad, al interesarse sobre su célebre discípulo Sinesio, el sanguinario obispo de Tolemaida. En ellas se presenta a Hypatia como filósofa y se la encasilla dentro de aquella corriente del pensamiento que ha sido denominada «neoplatonismo», que fue el último intento del paganismo agonizante de oponerse al cristianismo, y lo hizo con tal trivialidad, que su adversario vio en aquel bagaje de ideas la base intelectual de que carecía y optó por asimilarlo.

Con respecto a las tres investigaciones sobre Hypatia, me refiero a las obras de la alemana Annemarie Maeger, de la polaca Maria Dzielska y de la italiana Gemma Beretta, quizá la clave para entenderlas nos la dé el mismo Damascio de Damasco, quien escribe sobre Hypatia, en su artículo *La vida de Isidoro:* «Nació, se crió y se educó en Alejandría. Por naturaleza tenía más talento que el padre, por lo que no se conformó con las enseñanzas de las matemáticas que le impartió el padre, sino que se ocupó además con gran destreza también con el resto de la filosofía». La frase es muy significativa y expresa un prejuicio con el que no es raro toparse incluso hoy en día: la ciencia no colma las ansias de saber; pero para todo aquel que tenga una preparación científica, y sobre todo matemática, resulta inimaginable pensar siquiera que una persona pueda dedicar su vida a las matemáticas y desperdiciar al mismo tiempo sus energías mentales con las sandeces de un Plotino.

Los pensadores jónicos de hace más de dos mil quinientos años inventaron dos cosas fundamentales, e indisolublemente unidas, para el desarrollo del pensamiento humano: la ciencia y el ateísmo. Toda investigación científica resulta imposible allí donde la fe en un acto de creación divina impide acercarse a la naturaleza para encontrar en ella misma las respuestas a nuestras preguntas. No podemos saber, sin embargo, si Hypatia fue atea o creyó en una divinidad abstracta. Cualquier discusión al respecto sería bizantina. Lo cierto es que precisamente en el campo de las matemáticas, donde toda discusión filosófica se centra en los problemas relacionados con la teoría del conocimiento, muchos matemáticos, a la hora de tener que tomar partido en la contienda entre el materialismo y el idealismo, se inclinaron por el segundo, ya que veían como sus ejercicios cerebrales servían luego para someter a cálculo los fenómenos del universo. Lo cierto es que ambos bandos, a simple vista irreconciliables, tenían razón. Pero eso es algo que no hemos podido saber hasta bien entrado el siglo XX, cuando Konrad Lorenz descubrió la existencia del aparato cognoscitivo innato y la biología irrumpió en las zonas secretas del cerebro y de la herencia.

De todas formas, el hecho de dar primacía a lo espiritual sobre lo material no presupone necesariamente la creencia en una divinidad omnisciente, sino tan sólo la duda sobre su existencia. Tal fue el caso en Séneca y quizás ésta fuese la actitud religiosa de Hypatia.

La historia del pensamiento nos demuestra que la mera aceptación de una potencia sobrenatural, por abstracta que ésta sea, representa un freno poderoso. De no haber rechazado la idea de Dios, Charles Darwin no hubiese podido desarrollar la aún llamada «*teoría* de la evolución». Y Albert Einstein, precisamente por no haber sido capaz de renunciar a sus creencias, tras haber dado pasos de gigante en la física, se negó a tomar en consideración los avances de la física cuántica. Le repugnaba la idea que encierra el principio de indeterminación de Heisenberg, y al exclamar «¡Dios no juega a los dados!» cerró los ojos a los nuevos descubrimientos y se pasó el resto de sus días tratando de encontrar la fórmula única de Dios. Perdió su tiempo y se lo hizo perder a un nutrido grupo de colaboradores: si los demás físicos hubiesen seguido sus pasos, hoy no tendríamos ordenadores.

Sin embargo, si pretendemos comprender la vida y la obra de una gran matemática como Hypatia, no podemos centrar nuestro foco de atención ni en los recovecos de su sexo, como hicieron los autores cristianos de principios del medievo, ni en lo que pensase o dejase de pensar sobre las supersticiones humanas, como siguen haciendo hoy en día algunos autores que tratan de aproximarse a Hypatia sin disponer de una base científica o para partir una lanza por el patriarca Cirilo, resucitando así una vieja polémica que tuvo lugar a principios del siglo XVIII.

Aquella polémica la inició John Toland, en el año 1720, cuando publicó un largo ensayo de carácter histórico, que llevaba por título: *Hypatia or, the History of a Most Beautiful, Most Virtuous, Most Learned and in Every Way Accomplished Lady; Who Was Torn to Pieces by the Clergy of Alexandria, to Gratify the Pride, Emulation, and Cruelty of the Archbishop, Commonly but Undeservedly Titled St. Cyril* («Hypatia o la historia de una dama hermosísima, virtuosísima, preparadísima y de una cultura universal, que fue despedazada por el clero de Alejandría para satisfacer la vanidad, el amor propio y la crueldad del arzobispo, comúnmente llamado, aunque sin merecerlo, san Cirilo»). En esta obra no sólo hemos de destacar sus ataques a las jerarquías eclesiásticas, sino el hecho de que introduce, ya en aquellos tiempos, un elemento profundamente profeminista: afirma al principio que, con aquel asesinato perpetrado contra «la encarnación de la belleza y la sabiduría», la vergüenza eterna había caído sobre la parte masculina del género humano. Para Toland los hombres tendrían que estar eternamente avergonzados de que de entre ellos pudiesen haber salido seres de condición tan brutal y salvaje, que, en vez de rendirse de admiración ante una mujer de tal belleza, inocencia y sabiduría, hubiesen sido capaces de manchar sus bárbaras manos con su sangre.

Como era de esperar, aquel ensayo cayó como una bomba en los círculos eclesiásticos, que se apresuraron a responder con un libelo redactado por un tal Thomas Lewis y que tenía por título: *The History of Hypatia, a Most Impudent School-Mistress of Alexandria. In Defense of Saint Cyril and the Alexandrian Clergy from the Aspersions of Mr. Toland* («La historia de Hypatia, la insolentísima maestra de Alejandría. En defensa de san Cirilo y del clero alejandrino de las calumnias del señor Toland»).

A diferencia de lo ocurrido entre los representantes de las iglesias cristianas, la obra de John Toland fue acogida con entusiasmo por aquella generación de intelectuales que trataba de vencer definitivamente las trabas que la religión imponía a la libertad de pensamiento. Siguiendo las huellas de Toland, Voltaire publicó en 1736 su *Examen important de Milord Bolingbroke ou le tombeau du fanatisme*, en el que fustigó a Cirilo y al clero alejandrino como parte de las iglesias que surgieron de las religiones de la revelación. Posteriormente incluiría a Hypatia en su *Dictionnaire philosophique.*

Pero quien más contribuyó a rescatar la figura de

Hypatia fue Edward Gibbon, al hablar de ella en el tercer volumen de su *Historia de la decadencia y caída del Imperio romano.* Fue tal la trascendencia de aquel pasaje suyo sobre la matemática alejandrina y tuvo tanta importancia en la recuperación de su memoria, que, pese a sus muchas incorrecciones, merece la pena ser recordado:

«Hypatia, la hija de Teón el matemático, fue iniciada en los estudios por su padre; sus comentarios eruditos esclarecieron la geometría de Apolonio y de Diofanto, al igual que la filosofía de Platón y de Aristóteles. En el esplendor de su belleza y en la madurez de su sabiduría, aquella joven modesta rechazó a sus pretendientes y enseñó a sus discípulos; las personalidades más ilustres, por sus rangos o sus méritos, esperaban con impaciencia el momento de visitar a la filósofa; y Cirilo contemplaba con envidia el espléndido séquito de caballos y esclavos que se agolpaba a las puertas de su academia. Entre los cristianos corrió el rumor de que la hija de Teón era el único obstáculo que se interponía a la reconciliación entre el prefecto y el arzobispo, así que el obstáculo fue rápidamente superado. En el día fatal, durante el sagrado período de la Cuaresma, Hypatia fue arrancada de su carruaje, desnudada y arrastrada a una iglesia, donde fue salvajemente despedazada a manos de Pedro el Lector y su hueste de fanáticos salvajes y despiadados; le arrancaron la carne de los huesos con afiladas conchas de ostras y arrojaron a las llamas sus temblorosos miembros. La investigación y el justo castigo de aquel crimen fueron evitados mediante los oportunos regalos, pero el asesinato de Hypatia ha dejado una mancha indeleble en el carácter y la religión de Cirilo de Alejandría.»

La fuente de Gibbon fue el artículo sobre Hypatia que aparece en la enciclopedia *Suda*, tomado a su vez de *La vida del filósofo Isidoro*, que se debe a la pluma de Damascio de Damasco.

La figura de Hypatia es recogida en muchas otras obras del siglo XVIII, entre las que cabe destacar la novela satírica de Henry Fielding *A Journey from This World to the Next* (1743), donde el autor califica de perros de presa a los cristianos, los asesinos de Hypatia. Pero es a mediados del siglo XIX cuando los escritores tratan de rescatar para la posteridad a la científica alejandrina. De Schiller sabemos que tenía el proyecto de dedicarle un drama. Y en el año de 1847, Charles Leconte de Lisle publicó un poema titulado *Hypatia*, al que seguirá una segunda versión en 1874. En la primera presenta a Hypatia como víctima de las leyes inexorables de la historia y ve su asesinato como una funesta «necesidad histórica». En su segunda versión, quizás influido ya por las ideas de Fourier, Leconte culpa directamente a los cristianos y arremete contra el clero en general y la Iglesia católica en particular. Leconte de Lisle, promotor del grupo poético del Parnaso, traductor de la *Ilíada* y la *Odisea* y de numerosos clásicos griegos, helenista ferviente y poeta exquisito, afirmó de Hypatia que seguía viviendo en la imaginación de Occidente como la encarnación de la belleza física y la inmortalidad del espíritu, al igual que los ideales paganos de la Grecia antigua moldearon la espiritualidad europea. Entre esas dos versiones también publicó, en 1857, un drama breve titulado *Hypatie et Cyrille*.

En su entusiasmo por Hypatia, a Leconte de Lisle le sigue, casi podíamos esperarlo, Gérard du Nerval, que hace referencia a ella en su relato corto *Les Filles du feu. Angelique* (1854). Sigue, en 1888, un relato breve sobre Hypatia de Maurice Barrès: *La vierge assasinée*, que escribió, como dice en su prefacio, a instancia de su maestro parnasiano Leconte de Lisle.

Pero la obra literaria que más dio a conocer la figura de Hypatia fue el libro del clérigo Charles Kingsley, historiador y novelista, titulado *Hypatia or the New Foes with an Old Face* y publicado en 1853. Kingsley, hombre de profundas convicciones cristianas pero enemigo de las jerarquías eclesiásticas y del catolicismo, exalta en su obra los valores humanistas y termina convirtiendo a Hypatia al cristianismo.

Después de aquella novela de estilo victoriano, que fue traducida a diversas lenguas y tuvo gran aceptación en su época, la otra gran novela sobre Hypatia es la del escritor alemán Arnulf Zitelmann: *Hypatia*, 1988. En su epílogo, Zitelmann señala que el asesinato de Hypatia marca el fin de la cultura antigua, y aunque reconoce al cristianismo ciertas bondades morales, recalca también lo que ese movimiento religioso significó en la vida de las mujeres. Tras ensalzar algunos aspectos positivos de esa religión, como el de la solidaridad cristiana, escribe al final de su obra: «Pero esta valoración expresa únicamente la mitad de la verdad. Y es que la solidaridad cristiana no traspasó la barrera entre los sexos. Se ejerció el "hermanazgo", pero no se practicó la fraternidad entre hermanos y hermanas. Hypatia, la hija de Teón, fue la primera víctima mortal de aquella misoginia que alcanzaría después su paroxismo sanguinario en la caza de brujas. Hypatia representa a centenares de miles de mujeres sin nombre. El suyo no debe desaparecer jamás de la historia».

Similares a los puntos de vista expresados por

Kingsley y Zitelmann son los que se defienden en dos novelas canadienses de reciente publicación: *Renaissance en Paganie* de André Ferreti (Montreal, 1987) y *Hypatia ou la fin des dieux* de Jean Marcel (Montreal, 1989).

Fueron los positivistas anglosajones de la segunda mitad del siglo XIX los que se interesaron por la figura de Hypatia en tanto que matemática y última gran representante de la ciencia antigua. Puede decirse que es entonces cuando Hypatia entra, al fin, después de quince siglos, en la historia de la ciencia. En su *History of the Intellectual Development of Europe*, publicada en Nueva York en 1869, el científico estadounidense J. W. Draper califica a Hypatia de «defensora valiente de la ciencia en contra de la religión» y la ve como la figura heroica en la contienda entre las fuerzas de la razón y del irracionalismo, entre el espíritu científico y el oscurantismo. Bertrand Russell, en el libro sobre la historia de la filosofía europea que publicó en 1946, destaca a la matemática alejandrina y dice del patriarca Cirilo que «su principal reivindicación para la fama fue el linchamiento de Hypatia».

Desde los tiempos de Toland, la fascinación que ha despertado y sigue despertando la figura de Hypatia entre historiadores, escritores y científicos se debe también al elemento profundamente simbólico que rodea su trágica muerte. Poetas e investigadores han coincidido en que el linchamiento de Hypatia significa también el linchamiento de la cultura antigua, el triunfo de las fuerzas del oscurantismo y la subyugación durante siglos de aquello que hace excelso al ser humano: su capacidad de investigar el universo y de comprenderlo por medio de la investigación empírica, y también su capacidad de crear belleza cuando su imaginación puede moverse libremente y desarrollarse en el ejercicio de las artes.

Es esto lo que la autora polaca Maria Dzielska, en su obra *Hypatia of Alexandria* (1995), califica «la leyenda literaria de Hypatia». Comienza su libro confesando que no había oído hablar de Hypatia hasta que la casualidad le hizo toparse con ese nombre al realizar investigaciones sobre la vida y la obra de Sinesio de Cirene, obispo de Tolemaida. Critica a los primeros que rescataron del olvido a la figura de Hypatia («Las exposiciones simplistas de Toland y Voltaire marcaron el inicio de una leyenda en la que se mezclan la verdad y la falsedad»), se indigna con Gibbon, arremete contra escritores y científicos y se lamenta de que la leyenda alcance hoy en día su punto culminante al haber sido incorporada al movimiento feminista.

Obsesionada por limpiar de culpas a la Iglesia católica y defenderla de las acusaciones de haber sido la causa principal de la desaparición de la cultura antigua y del advenimiento de los siglos oscuros del medievo, Maria Dzielska afirma que lo único que ocurrió fue que Hypatia representó un estorbo para la política de poder del patriarca Cirilo: «La lucha entre el patriarca y el prefecto por el poder político y por la influencia de la Iglesia en los asuntos seculares condujo a su muerte. Hombres al servicio de Cirilo asesinaron a Hypatia. Fue un asesinato político provocado por los conflictos que venía arrastrando desde hacía tiempo Alejandría». Y añade a continuación: «La muerte de Hypatia no tiene relación alguna con la política antipagana seguida por Cirilo y su Iglesia en aquellos tiempos. Durante los primeros años de su patriarcado, Cirilo se limitó a destruir el templo de Isis en Méneuthé, en las cercanías de Canopo, para reemplazarlo por el culto a los santos cristianos (Ciro y Juan). No persiguió a los paganos en la misma Alejandría, ya que allí estaba más interesado en los herejes y en los judíos. No fue sino hasta los años de 420 a 430 –cuando ya había pasado un tiempo considerable desde la muerte de Hypatia– que lanzó su ataque contra el pensamiento y las prácticas paganas en su tratado *Contra Julianum*, en el que atacaba el *Contra Galilaeos* de Juliano el Apóstata».

La defensa que hace de Cirilo la autora polaca ante el tribunal de la historia es impecable: si para el año de 415 el arzobispo Cirilo se encontraba tremendamente ocupado en matar herejes y judíos, ¿cómo iba a perder su tiempo en perseguir a paganos? Y si lo hizo, como fue en el caso de Hypatia, tan sólo fue porque esa mujer le estorbaba. ¿Para qué cargar las tintas como hicieron Voltaire, Gibbon y tantos otros? Dejémonos de leyendas: aquello nada tuvo que ver con una actitud antifeminista o anticientífica de la Iglesia. Al final de su obra, Dzielska afirma tajantemente: «La religiosidad pagana no se extinguió con Hypatia, al igual que no se extinguieron ni las matemáticas ni la filosofía griega».

Afortunadamente existe amplia bibliografía sobre Cirilo y disponemos también de sus obras. Y por éstas sabemos que sentía un odio profundo por toda la filosofía, a la que calificaba de «paparruchada helenística». Sentía un desprecio igualmente profundo por Homero y Hesíodo y por todos los dramaturgos griegos. Y en cuanto a la mujer, decía en uno de sus sermones: «Sumisa y entregada a la obediencia a Dios, tiene que dedicarse a alumbrar hijos».

¿Cómo no iba a ser un estorbo Hypatia para el patriarca Cirilo? Y no sólo un estorbo que le impedía el entendimiento con el prefecto de Egipto, como nos quiere hacer creer la autora polaca, sino por todo lo que Hypatia representaba: como mujer, como científica y como librepensadora.

Quien navegue por internet en busca de estudios biográficos sobre Hypatia encontrará, aparte el mencionado libro de la polaca Maria Dzielska, la obra de la autora alemana Annemarie Maeger (no me refiero aquí a las novelas, entre las que se puede conseguir en las ofertas de las librerías de viejo la obra de Kingsley). Annemarie Maeger, que dirige una pequeña editorial de libros esotéricos, dedica el suyo a demostrar que Hypatia y santa Catarina de Alejandría son una y la misma persona, remontándose así a la leyenda que parte de una supuesta carta enviada por Hypatia a Cirilo y que recogió a principios del siglo XIX la condesa italiana Diodata Roero di Saluzzo en el poema publicado en dos volúmenes en 1827 *Ipazia ovvero delle Filosofie.*

Pero lo absolutamente novedoso en la obra de Annemarie Maeger es que exime de toda culpa al arzobispo Cirilo, de quien afirma que «no estaba predispuesto contra la filosofía de Hypatia», sino todo lo contrario, pues fue él quien introdujo esa filosofía en la Iglesia. Para afirmar rotundamente lo siguiente a renglón seguido: «Cirilo fue, por así decirlo, el primer "defensor de los derechos de la mujer" en la Iglesia cristiana». Por asombroso que parezca, la segunda edición revisada y aumentada de este libro no está fechada en el medievo, sino en el año de 1999.

Para entender por qué Annemarie Maeger considera a san Cirilo como el primer «defensor de los derechos de la mujer» tenemos que retroceder a principios del siglo V, época en la que se discutían cosas tan profundas como si María era la «madre de Cristo-Hombre» o la «madre de Cristo-Dios», es decir: la madre de un *khristotokos* o la madre de un *theotokos.* Aquélla fue la gran batalla que libró Cirilo contra Nestorio –es decir: el arzobispo de Alejandría contra el arzobispo de Constantinopla– y que terminó con la condena de este último como hereje en el Concilio de Éfeso, en el año 431 de nuestra era. Y como el vencedor en aquel concilio fue Cirilo, que ensalzó a la madre de un mortal a la categoría de madre de una divinidad, nuestra autora deduce correctamente que defendió los derechos de las mujeres. Otra defensa impecable.

Podemos hacer caso omiso de los esfuerzos de Annemarie Maeger por demostrar que Hypatia tuvo el honor de ser nada menos que santa Catarina de Alejandría, al igual que podemos pasar por alto los de aquellos que en los últimos tiempos pretenden identificarla con santa María Egipcíaca, basándose simplemente en una coincidencia cronológica: la penitente egipcia nació por el 345 y murió en Palestina en el 421. Esos escritos no pueden ser tomados en serio.

En cuanto al libro de Dzielska, al que no se le puede negar la meticulosidad laboriosa en el análisis bibliográfico y que es, evidentemente, la obra de una persona con preparación académica, sorprende que afirme algo sin tratar siquiera de demostrarlo. El objetivo de su libro es el de refutar la hipótesis de que el cristianismo supuso una ruptura en la evolución cultural de la humanidad. Y cuando afirma que «la religiosidad pagana no se extinguió con Hypatia, al igual que no se extinguieron ni las matemáticas ni la filosofía griega», esperaríamos que nos diese pruebas concretas de esa afirmación, es decir: de que hubo efectivamente una continuidad cultural después de la muerte de Hypatia.

Si no hubo ruptura, sino continuación, ¿por qué se redescubre la anestesia ya entrado el siglo XX, cuando fue algo que utilizaron los médicos alejandrinos hace más de dos mil años, entre otras cosas, en las operaciones oculares, que también son de reciente cuño? ¿Por qué se inventa el hormigón en los años veinte del pasado siglo cuando su empleo se remonta al siglo III antes de nuestra era? ¿Por qué murió en la hoguera, acusado de herejía, el médico tudelano Miguel Servet, cuyo único crimen consistió en observar la circulación pulmonar de la sangre, cuando eso pertenecía al saber común de cualquier médico alejandrino ya siglos antes de que naciese Hypatia? La lista de preguntas resultaría interminable. Pero lo cierto es que, tras la muerte de Hypatia, las matemáticas y la astronomía estuvieron haciendo de *La bella durmiente del bosque* a la espera del beso del príncipe encantado del Renacimiento.

Resumiendo, la civilización antigua no murió de muerte natural: fue asesinada. Y sus asesinos tienen nombres. Uno de ellos fue Cirilo, la encarnación de un movimiento oscurantista que sumió a Europa en uno de los períodos más funestos de su historia. Aquella cultura fue asesinada, al igual que lo fue Hypatia. Y si Hypatia se ha convertido en un símbolo, dando nombre a una leyenda, es porque su muerte coincide precisamente con la muerte de aquella civilización.

No deja de ser significativo que de la vida de Hypatia sólo podamos estar seguros de la forma en que fue asesinada. Decía Taine que cuando se produce un naufragio, los tesoros se hunden en el fondo del mar, mientras que la basura se queda flotando en la superficie. Hypatia forma parte de esos tesoros perdidos. Cometió la imprudencia de impulsar las matemáticas en unos momentos en que todas las ciencias se consideraban un ultraje a la dignidad de Dios y en que algunos padres de la Iglesia revivían la teoría de que la Tierra era plana y el universo tenía forma de tabernáculo. Tuvo la osadía de admitir alumnos de todas las religiones, en una época en que los estudios se realizaban en escuelas separadas para los tres grandes movimientos religiosos: el cristianismo, el judaísmo y ese conjunto de religiones que hemos dado en denominar «paganismo.» Nada tiene de extraño que su muerte represente la primera caza de brujas de que tenemos noticia.

Le tocó vivir tiempos muy difíciles, equiparables a los vividos por una familia judía durante el nacionalsocialismo: a los veintiún años tuvo que presenciar la destrucción del Serapeo, con las dependencias del Museo y la gran Biblioteca Filial, así como la demolición de todos los templos paganos en Alejandría. Ese proceso de destrucción definitiva del paganismo llegó en el 391 a su punto más álgido y puede considerarse como definitivamente consumado alrededor del 400. Si hay algún milagro digno de mención en toda la historia del cristianismo es que Hypatia sobreviviera hasta la Cuaresma del año 415.

Cuando el 17 de octubre del año 412, Cirilo ocupa la silla arzobispal de Alejandría, a Hypatia le quedan un poco más de dos años de vida. Ese hombre, al que la enciclopedia Larousse califica de «apasionado defensor de la ortodoxia» y al que en nuestros días veríamos como un talibán diabólico, cargó sobre su conciencia la muerte de unos doscientos cincuenta mil judíos. De ahí que Karlheinz Deschner, en su *Historia Criminal del Cristianismo*, lo tenga por el precursor de Hitler y despoje a éste de la autoría intelectual sobre la llamada *solución definitiva (Endlösung)*. Señalo la falta de escrúpulos morales de ese hombre para destacar el hecho de que la influencia que ejercía Hypatia en Alejandría tiene que haber sido muy grande, pues Cirilo no osó lanzarse frontalmente contra ella, sino que desencadenó primero una bien orquestada campaña de difamación para demostrar ante sus fieles que aquella mujer practicaba la brujería y la magia negra. Dedicarse a las matemáticas y a la astronomía, construir instrumentos científicos y sentir inclinación por la música eran pruebas harto suficientes. El prelado Juan, obispo de Nikiu, capital de la comarca egipcia de Prosopites, celebraba su muerte, que justificaba con estas palabras: «En todo momento fue devota de la magia, de los astrolabios y de los instrumentos músicos».

Nosotros diríamos que Hypatia fue una devota del saber. Si en nuestra sociedad hemos logrado grandes avances en las ciencias ha sido porque generaciones de pensadores no han capitulado ante la muerte y la tortura, recogiendo el acervo cultural jonio, con su racionalismo ateo, y han investigado el mundo que nos rodea sin el freno de absurdas supersticiones. En esa lucha por la libertad del pensamiento, Hypatia sigue siendo un ejemplo de entereza y valor. Un ejemplo que nos recuerda que aún distamos mucho de haber abolido aquella maldición bíblica que hacía de la mujer la subordinada del hombre, pues en un mundo que no estuviese dominado por el patriarcado no recordaríamos a Giordano Bruno como el primer gran pensador que pereció en defensa de sus ideas, sino a Hypatia de Alejandría.

BIBLIOGRAFÍA

Una biografía exhaustiva sobre Hypatia de Alejandría se encuentra en la excelente recopilación que ofrece Howard A. Landman en la siguiente dirección electrónica:

howard@polyamory.org

ADLER, Ada (ed.), *Suidae Lexicon*, Stuttgart, 1971.

AGABITI, A., *Ipazia. La prima martire della libertà di pensiero*, Roma, 1914.

ALIC, Margaret, *Hypatia's Heritage – A History of Women in Science from Antiquity to the Late Nineteenth Century*, Londres, 1986.

AMIANO, Marcelino, *Historia*, Madrid, Akal, 2002.

APOLONIO DE PÉRGAMO, *Konika*, Berlín, 1926.

ASMUS, R., *Das Leben des Philosophen Isidoros von Damaskios aus Damaskos*, Leipzig, 1911.

BERETTA, Gemma, *Ipazia d'Alessandria*, Roma, 1993.

BLANCK, H., *Einführung in das Privatleben der Griechen und Römer*, Darmstadt, 1976.

BLÁZQUEZ, José María y otros, *Historia de España Antigua*, tomo II: *Hispania Romana*, Madrid, Cátedra, 1995.

BOWERSOCK, G. W., *Hellenism in Late Antiquity*, Ann Arbor, 1990.

CARCENAC PUJOL, Claude-Brigitte, *Jesús, 3.000 años antes de Cristo – Un Faraón llamado Jesús*, Barcelona, Plaza y Janés, 1987.

CHARLES, R. H., *The Chronicle of John (c. 690 A.D.) Coptic Bishop of Nikiu*, Ámsterdam, 1982.

CHRIST, Karl, *Krise und Untergang der römischen Republik*, Darmstadt, 2000.

—, *Geschichte der römischen Kaiserzeit – Von August bis Konstantin*, Múnich, 2002.

CIRILO DE ALEJANDRÍA, homilías en, Bardenhewer, O., *Marienpredigten*, Múnich, 1934.

Die Vorsokratiker I (Milesier, Pythagoreer, Xenophanes, Heraklit, Parmenides), Stuttgart, 1999.

Die Vorsokratiker II (Zenon, Empedokles, Anaxagoras, Leukipp, Demokrit), Stuttgart, 1999.

DEMÓCRITO DE ABDERA, *Demokrit, Fragmente zur Ethik*, Stuttgart, 1996.

DESCHNER, Karlheinz, *Kriminalgeschichte des Christentums – Die Frühzeit*, Reinbeck, 1996.

DIELS, H., *Antike Technik*, Leipzig, 1920.

DILKE, O. A. W., *Mathematik, Masse und Gewichte in der Antike*, Stuttgart, 1987.

DIOFANTO DE ALEJANDRÍA, *Die Arithmetik und die Schrift über Polygonalzahlen des Diophantus von Alexandria*, Leipzig, 1890.

DRAPER, J. W., *History of the Intellectual Development of Europe*, Nueva York, 1869.

DZIELSKA, Maria, *Hypatia of Alexandria*, Cambridge, Massachusetts, 1995.

ENSSLIN, Wilhelm, *Die Religionspolitik des Kaisers Theodosius d. Gr.*, Múnich, 1953.

ESTRABON, Strabo, *Geography*, volúmenes I a VIII, Loeb Classical Library, Cambridge y Londres.

FERRIL, Arther, *The Fall of the Roman Empire*, Londres, 1986.

GARCÍA SOLER, María José, *El arte de comer en la antigua Grecia*, Madrid, Biblioteca Nueva, 2001.

GERALD, Fitz A., *The Letters of Synesius of Cyrene*, Londres, 1926.

GIBBON, E., *The Decline and Fall of the Roman Empire*, Londres, 1898 [*Historia de la decadencia y caída del Imperio romano*, Barcelona, Círculo de Lectores, 2001].

GRANT, Michael, *Kleopatra* (edición alemana aumentada y corregida por el autor), Bergisch Gladbach, 1977.

GRIMM, Günter, *Alexandria – Die erste Königsstadt der hellenistischen Welt*, Mainz am Rhein, 1998.

GUHL, E. y KONER, W., *Los griegos – Su vida y costumbres*, Móstoles, M. E. Editores, 2002.

GUNDEL, H. G., *Astrologumena. Die astrologische Literatur in der Antike und ihre Geschichte*, Wiesbaden, 1966.

HARDY, E. R., *Christian Egypt: Church and People, Christianity and Nationalism in the Patriarchate of Alexandria*, Oxford, 1952.

HEATH, T. L., *Diophantus of Alexandria. A Study in the History of Greek Algebra*, Nueva York, 1964.

HEIBERG, J. L., *Geschichte der Mathematik und der Naturwissenschaften im Altertum*, Múnich, 1925.

HEUSER, Harro, *Als die Götter lachen lernten – Griechische Denker verändern die Welt*, Múnich, 1992.

JULIANO, *L'empereur Julien. Oeuvres complètes*, París, 1960.

KNORR, W. R., *Textual Studies in Ancient and Medieval Geometry*, Boston, 1989.

LIEBESSCHÜTZ, J. H. B. G., *Barbarians and Bishops: Army, Church and State in the Age of Arcadius and Chrysostom*, Oxford, 1990.

LIPPOLD, Adolf, *Theodosius der Grosse und seine Zeit*, Múnich, 1990.

MAEGER, Annemarie, *Hypatia – Die Dreigestaltige: Philosophin, Kirchenvater, Heilige*, Hamburgo, 1999.

—, *Hypatia II – Philosophie: Kriterien zur Wahrheitsfindung. Schwerpunkt: analytische Geometrie als philosophischer Beweis*, Hamburgo, 1995.

MARLOWE, John, *The Golden Age of Alexandria – From its Foundation by Alexander the Great in 331 BC to its Capture by the Arabs in 642 AD*, Londres, 1971.

MERCKEL, C., *Die Ingenieurtechnik im Altertum*, Berlín, 1899.

MEYER, W. A., *Hypatia von Alexandria. Ein Beitrag zur Geschichte des Neuplatonismus*, Heidelberg, 1886.

PAULY, *Der Kleine Lexikon der Antike*, edición a cargo de K. Ziegler y W. Sontheimer, tomos I a V, Stuttgart, 1979.

PICHOT, André, *La naissance de la science*, París, 1991.

PLINIO, *Natural History*, volúmenes II y X, Londres, 1964, 1966 [*Historia Natural*, Madrid, Cátedra, 2002].

POLIBIO, *The Histoires*, volúmenes I al VI, Loeb Classical Library, Cambridge y Londres [*Historias*, Madrid, Gredos, 2001].

RASHED, R., *Diophante: Les Arithmé*, París, 1984.

RUSSELL, Bertrand, *History of Western Philosophy and Its Connection with Political and Social Cir-*

cumstances from the Earliest Times to the Present Day, Londres, 1946.

SCHULTZE, Victor, *Geschichte des Untergangs des griechisch-römischen Heidentums – Staat und Kirche im Kampfe mit dem Heidentum*, Jena, 1887.

STEMPLINGER, Eduard, *Antike Technik*, Múnich, 1924.

TALLET, Pierre, *Historia de la cocina faraónica – La alimentación en el antiguo Egipto,* Barcelona, Zendrera Zariquiey, 2002.

THIEL, R., *Und es ward Licht*, Hamburgo, 1956.

TOLAND, J., *Tetradymus*, Londres, 1720.

TURAJEFF, B. A., *Quellen und Studien zur Geschichte der Mathematik, Astronomie und Physik*, Berlín, 1930.

VAN DER WAERDEN, B. I., *Erwachende Wissenschaft*, Stuttgart, 1956.

VOLTAIRE, François Marie, *Mélanges*, París, 1961.

—, *Dictionnaire philosophique* (en *Oeuvres complètes de Voltaire*, tomo VII), París, 1835.

WERTHEIMER, Oskar von, *Kleopatra – Die Königin vom Nil*, Viena, 1980.

WIRTH, Gerhard, *Alexander der Grosse*, Reinbeck bei Hamburg, 1985.

WISSOWA, Georg (ed.), *Paulys Realencyklopädie der classischen Altertumswissenschaft*, Stuttgart, 1970.

WOLF, S., *Hypatia, die Philosophin von Alexandrien*, Viena, 1879.

WUSSING, Hans, *Mathematik in der Antike – Mathematik in der Periode der Sklavenhaltergesellschaft*, Aquisgrán, 1962.

ZEUTHEN, H. G., *Die Lehre von den Kegelschnitten im Altertum*, Copenhague, 1896.

—, *Geschichte der Mathematik im Altertum und Mittelalter*, Copenhague, 1896.
ZINTZEN, C., *Damascii Vitae Isidori Reliquiae*, Hildesheim, 1967.
ZITELMANN, Arnulf, *Hypatia*, Weinheim, 1996.

ÍNDICE

Diseño: Winfried Bährle
Ilustración de la sobrecubierta: Leemage/Aisa

Círculo de Lectores, S. A. (Sociedad Unipersonal)
Travessera de Gràcia, 47-49, 08021 Barcelona
www.circulo.es
1 3 5 7 9 9 0 1 0 8 6 4 2

Licencia editorial para Círculo de Lectores
por cortesía de Random House Mondadori, S. A.
Está prohibida la venta de este libro a personas que no
pertenezcan a Círculo de Lectores.

© Pedro Gálvez, 2004
© Editorial Lumen, S. A., 2004

Este libro ha sido impreso en papel Supersnowbright
suministrado por Hellefoss AS, de Noruega

Depósito legal: B. 25432-2009
Fotocomposición: punt groc & associats, s. a., Barcelona
Impresión y encuadernación: Printer industria gráfica
N. II, Cuatro caminos s/n, 08620 Sant Vicenç dels Horts
Barcelona, 2009. Impreso en España
ISBN 978-84-672-3684-2
N.° 30262